CAVALHEIROS DE AÇO

CAVALHEIROS DE AÇO
A VIOLÊNCIA URBANA BRASILEIRA

LEVY SANTOPASSOS

AuthorHouse™ LLC
1663 Liberty Drive
Bloomington, IN 47403
www.authorhouse.com
Phone: 1-800-839-8640

Published by AuthorHouse   12/20/2013

ISBN: 978-1-4918-4514-1 (sc)
ISBN: 978-1-4918-4513-4 (e)

CONTENTS

INTRODUÇÃO

Cavalheiros de aço é a história da vida de um menino chamado de John Wayne (O De Menor). Ele migra com sua família do nordeste para o Rio de Janeiro na década de 80. Morando no morro do Turano, quando criança, é abandonado pelo pai, perde seu irmão mais novo e também sua mãe que é vítima de um câncer. Ainda adolescente conhece o perigoso traficante Sacola, dono do morro do Turano, e membro da temida Facção Carioca, F.C com, composta por seus guerreiros do tráfico, os fiéis cavaleiros de aço: Dedé, Careca, Cuca, este, o perigoso assassino da facção e Pablo. Sem opção de uma vida melhor Wayne se envolve com o movimento do tráfico de drogas. Agora é um soldado do tráfico. No meio da guerra das facções pelo controle da venda de drogas, ele vai ter que sobreviver entre as balas inimigas sendo que, logo depois que conhecer o líder e fundador da F.C, o temido Cicatriz, "O Machado Vingador". O primeiro teste de John pra ser aceito na organização criminosa foi um grande assalto aos carros-fortes.

Sacola descobre os planos do deputado Tenório Silvestre e Bacalhau que por sinal, era seu rival. A intenção era matá-lo e depois tomar sua boca. O dono do morro do Turano envia Cuca seu assassino de confiança para matar o deputado traidor e depois que este é morto, Sacola invade o território do Bacalhau, mata-o e domina aquela área. O "machado vingador" fica sabendo que seu aliado, o senador Ciro Pelicano, importante político brasileiro, responsável pela lavagem do dinheiro sujo do crime organizado roubou a organização criminosa. Cicatriz ordena Sacola para dar cabo da vida do senador Ciro Pelicano. Novamente ele envia seu fiel assassino Cuca para outro serviço a Operação Colômbia estava causando perdas ao crime organizado. Á frente da operação estava o delegado federal Campos, Polícia Federal, Civil, Militar, Bombeiros, Forças Armadas, Exército Colombiano e o FBI. Todos unidos para o grande final: tomada dos morros do Turano e Chapéu, e o principal, prender Cicatriz e seus aliados, porém Cicatriz tentará a última jogada pra fortalecer sua organização criminosa: trazer o maior carregamento de drogas da Colômbia para o Brasil, afinal, droga não é só capital, é poder. A guerra urbana começou, vai ser a fogo contra fogo, o mais fraco se quebrará.

John Wayne migra para o Rio de Janeiro na década de 80

Meu nome é John Wayne da Silva Pereira, nunca entendi por que minha mãe colocou esse nome, depois de grande descobri que meu pai adorava os filmes de John Wayne a minha história teve mais tiros que a dele, meu pai veio do nordeste pro Rio de Janeiro, morando no Turano na década de 80 fugindo da seca, depois veio minha mãe eu e meu irmão mais novo Tiago. Tudo foi novidade para nós um mundo cercado de dificuldades, meu pai trabalhava na construção civil e minha mãe como domestica na casa dos grã-finos, eu cuidava de meu irmão mais novo Tiago, pobre preto mora na favela em barraco.

Quando chovia enchia tudo, quando completei 10 anos meu pai saiu para comprar cigarros e nunca mais voltou, maldito ficamos sozinhos, tudo piorou mãe solteira pra cuidar de dois filhos pequenos não é fácil, quando minha mãe podia roubava comida da casa dos grã-finos pra nos alimentar, pela primeira vez vi uma pessoa morrer em minha frente com um tiro de pistola na cabeça, era um viciado que devia a traficante.

—o prazo acabou Mané cadê a grana?

—vou te pagar sacola me dar mais três dias.

—cadê a grana rapa?

—vou te pagar sacola, não faz isso.

Pei, com três tiros de pistola matou o viciado em minha frente.

—tá olhando o que moleque? Você não viu nada.

—como se chama?

—John Wayne.

— já viu uma dessa?

—não.

—chega aí chega aí.

Aí quem carrega uma dessa vai ter o poder nas mãos ninguém vai te parar, à bala mata o homem elimina o fraco e eleva o forte ao topo do mundo chara, Sacola foi um dos traficantes mais temidos do Turano na década de 80 e 90, nunca conheceu o pai, a mãe morreu quando tinha oito anos, ele foi criado pela tia mais velha, sua escola foi às ruas, desde moleque já tinha problemas com a lei por pequenos furtos, fugia de casa e passava a morar nas ruas, cheirava cola e roubava no trânsito, teve varias passagens pela FEBEM, quando completou 15 anos entrou pro movimento aos 17 era gerente e aos 19 comandava tudo no Turano, o temido sacola, o dono do morro do Turano.

— e aí moleque que carregar uma dessa? Somos os "Cavalheiros de Aço" nada nem ninguém pôde nós matar, olhei pra trás ouvi minha mãe me chamando.

— John seu moleque irresponsável sai daí não vai conseguir nada de bom, nunca mais quero te ver perto dessas pessoas, minha mãe dava duro pra nos criar. Lavava e passava roupa na casa dos grã-finos, a vida na favela é difícil, não tem nada, área de lazer, esgoto, saneamento em geral, descaso total do poder público, aqui a lei e o movimento assim como viciados sobem e descem pra comprar, os corruptos também fazem a mesma coisa, são os degraus da corrupção do mais alto ao mais baixo que despedaça a dignidade humana.

No movimento todos tem sua função: fogueteiro, avião, olheiro e soldado, gerente, e o dono da boca ou dono do morro, falhou em sua missão morre chara, aqui na favela os heróis não são policiais, jogadores de futebol, heróis de quadrinhos, a realidade é outra, a molecada nasce e cresce querendo fazer parte do movimento, poder, dinheiro, mulher, roupa de marca, tênis do ano, ak 47 pendurado no pescoço sinônimo de poder.

Sacola era muito mal com quem não cumpria as leis do movimento, também ajudava muita gente da comunidade, no que precisassem, uma vez descobriram um x-9 na comunidade cercaram a casa dele e o levaram até o Sacola para o julgamento, ele sabia que já estava morto como fugir de um bando armados com fuzis, metralhadoras e pistolas.

—já era cumpadi a lei e única caquetou dançou.

A morte do deputado Tenório Silvestre

Suor escorria de sua face ao encontrar com seu juiz empunhando uma espada de samurai, se ajoelhou pedindo clemencia pela sua vida, não fui eu Sacola quem derrubou geral, nunca fui x-9, tenho mulher e filhos pra criar.

—que pensasse isso antes, ágora é tarde.

—conheço a lei do movimento, eu jamais iria derrubar geral pros samangos.

—mentira samango me passou a letra que tu é o x da questão tá ligado tá condenado a morte todos concordam comigo?

Todos gritaram sim.

Ele se viu sem saída a morte rondava seu caminho, uns dos soldados com a coronha do fuzil acertou seu abdômen, caindo começou a sessão de espancamento: chutes, socos e até choque no infeliz, depois veio a maior das barbarias, levaram-no próximo ao Sacola com as mãos amarradas, a espada de samurai cortou suas mãos, muitos gritos logo desmaiou de tanta dor insuportável. Depois veio o fim ainda desmaiado levaram ao temido micro-ondas onde eram executados os inimigos do movimento, funcionava assim: em uma mata de difícil acesso ao redor tinha vários pneus velhos com galões de gasolina, colocavam o condenado dentro dos pneus e depois derramavam litros de gasolina, o carrasco acendia o fogo e todos comemoravam como se fosse um jogo de futebol. Ninguém nunca ousou a bater de frente com o movimento, Sacola tinha esse apelido por que desde criança ajudava as pessoas com as compras em troca de dinheiro, seus homens de confiança eram quatro: Dedé amigo de infância desciam pra roubar no asfalto, Careca, Pablo e cuca o mais violento com 25 anos já tinha mais 100 homicídios nas costas, matou pela primeira vez quando tinha 15 anos num roubo a carro, adotado pela uma família de classe media aos cinco anos, fugia de casa por que seu pai era alcoólatra e o maltratava, homem de confiança do traficante sacola era ele encarregado de elimina os inimigos do movimento, os que deviam carregamentos de drogas, playboyzinhos viciados, policiais corruptos e políticos, ele agia assim: mestre dos disfarces, entregador de pizzas, motoboy e carteiro, entrava nas casas sem ninguém perceber e fazia o serviço sem deixar pistas não tinha remorso em apertar o gatilho, dava sua vida pela proteção do Sacola.

—chega aí parceiro tenho uma missão tá ligado

— diga aí irmão tá feito.

—sabe aquele deputado?

—sim tou ligado.

—quero fora do mapa.

—quando?

—ontem.

—beleza irmão.

—viva o movimento.

—viva o movimento.

Deputado Tenório silvestre comia propina na mão da facção do traficante sacola mais sua ambição era maior, queria eliminar sacola e colocar outro substituto pra dividir meio a meio o dinheiro da venda das drogas, lembrar-se do x-9 morto pelo bando de sacola era ele mesmo que ficou encarregado de passar informações sobre os passos do Sacola dentro da comunidade, segundo foi arrancado dele na tortura x9 disse que esse matador contratado pelo deputado Tenório entraria disfarçado e com explosivos mataria o Sacola, o infeliz foi era um ex-policial que foi pego por cuca e Dedé, deram fim no infeliz sem ninguém saber, o deputado pensa que ele ainda tá vivo planejando o assassinato.

Filho de uma cadela eu elegi esse desgraçado, fiz toda comunidade votar no infeliz, não só eles, mas muitos políticos comem na mão do tráfico, Tenório de merda tua hora vai chegar tenha certeza disso.

—cuca elimina esse traidor.

—sim patrão tá feito.

—Pablo.

—diga aí cuca.

—tenho uma missão pra você tá ligado.

—é nós do movimento pode falar.

Segue os passos do Tenório verifica por aonde vai, quantos seguranças ele tem, tudo certo sem falhas na hora certa vamos agir, tua hora vai chegar traidor.

—viva o movimento.

—viva o movimento.

Beleza Sacola.

Na semana seguinte Pablo foi ao encalço do deputado Tenório como Cuca havia dito.

—e aí Pablo seguiu o cara?

—sim Cuca, segunda ele sai as 07h00min de casa até a assembleia em um carro preto peliculado com um motorista e um segurança, logo atrás outro carro com três seguranças possivelmente usam pistolas ponto40, chegando à assembleia no máximo em 40 minutos, todos os dias faz o mesmo trajeto, com exceção de quarta feira sai ás 08h00min pra uma academia, nesse dia ele sai com apenas um segurança dirigindo, desce e entrar direto na academia pelo lado do estacionamento.

—um carro peliculado não dar pra ver o elemento, meu primeiro plano sujou, o que mais continua?

—como te falei só na quarta ele vai com segurança dirigindo até a academia

—uma duvida Pablo?

—diga parceiro.

—perto da academia tem algum prédio?

—sim cuca

—perfeito, basta ele tá no lugar certo na hora certa.

—bate a letra pra mim, qualé o plano?

—depois eu falo.

—beleza irmão, tamo aqui pra isso, meter o traíra no caixão.

—só vou precisar de um fuzil de longo alcance com mira telescópica e silenciador.

—aí cuca tem aquele mano, o Rambo o "o rei das armas" ele que vende as armas pro movimento.

—tou ligado, sei quem é, fizemos vários negócios com ele.

Rambo como era conhecido "o rei das armas do Brasil" foi o maior traficante de armas do Brasil e América do sul, tinha negócios com o narcotráfico brasileiro, com os guerrilheiros colombianos e também e com a máfia nos Estados Unidos, ele foi um militar brasileiro expulso por desviar armas do Exército, o cara tinha tudo o tipo de armamento.

—beleza Pablo, aciona o Rambo amanhã quero ter em mão esse armamento.

—alô.

—Rambo é o Pablo irmão.

— diga do movimento que você manda?

—o Cuca quer uma raridade, de longo alcance com luneta, mira telescópica e silenciador.

—pra quando?

—amanhã tá ligado.

—beleza.

—grana não é problema

—ok, eu levo aí pessoalmente a raridade.

—falou irmão.

—quando chegar aí dou o sinal.

—tá feito, Cuca encomendei o fuzil.

—perfeito Pablo.

—o Rambo traz a parada amanhã.

—vou bater o plano pra você Pablo.

—diz logo quero saber qual é da missão.

—você me falou que em frente da academia tem um prédio que dar de frente ao estacionamento.

— sim falei.

— vou subir no quinto andar e pipoca de lá com o Snipes o maldito Tenório

— perfeito plano cuca.

Vou precisar de a tua ajudar parceiro, antes do Tenório chegar lá vamos render o faxineiro, aí eu entro no prédio disfarçado de faxineiro, aí tu me dar cobertura na portaria pelo lado de fora, eu vou subir pro quinto andar aí bye Tenório.

no dia seguinte como foi combinado Rambo chega ao morro do Turano com o fuzil.

—chefe soldado da contenção lá de baixo tá falando que o Rambo tá na área com a encomenda.

—acompanha ele até aqui.

—ok patrão, cambio desligo.

—Cuca o Rambo tá na área.

—beleza Sacola.

— quem vai te dar apoio na missão?

—vai ser o Pablo.

— confio em você Cuca.

—deixar comigo Sacola, o Tenório vai ser pagina virada patrão.

—patrão o Rambo chegou.

—revista ele e deixar entrar

—grande Rambo "o rei das armas da América".

—e aí do movimento, "Sacola o rei do Turano, beleza Cuca e aí Pablo".

—beleza.

— saca só mercadoria de primeira, luneta com regulagem mira telescópica com visão noturna, silenciador e tripé cromado, esse fuzil você pode desmontar todo que cabe em uma caixa de sapato, não tem como errar o tiro cuca.

—é esse mesmo.

—quanto que é?

—pra vocês que são meus antigos fregueses só 30,000

—careca abre o cofre e pega a grana.

—sim patrão.

—tá aqui a grana.

—foi um prazer negociar com vocês, precisando sabe como me encontrar.

—beleza irmão.

— viva o movimento.

—viva o movimento.

No dia seguinte saíram Cuca e Pablo a mando de sacola na missão de executar Tenório.

—pronto Cuca, o carro tá área, peliculado como você pediu.

—beleza Pablo, vamos logo executar esse traidor, já sabe o plano?

—tou antenado.

—ás 07h45min os comparsas Cuca e Pablo estavam em campana esperando Tenório.

—Pablo já é hora, atenção é aquele faxineiro que tá vindo ali, atitude.

—bom dia amigo, você pode me dar uma informação?

—diga lá parceiro.

—esse endereço você sabe?

—me deixar ver.

—quando o faxineiro se descuidou com uma coronhada certeira Pablo o desmaiou.

—vamos logo, põe ele amarrado no porta-malas Pablo.

—atenção vou entra disfarçado no lugar dele, fica atento com o radio ligado.

—beleza irmão boa sorte na missão.

—valeu.

—bom dia, sou o faxineiro substituto, o Manuel ficou doente a empresa me mandou.

— seu crachá, por favor.

A Invasão do território do Bacalhau

—não tenho amigo sou novo na empresa mais tenho minha identidade.

—pode entrar o apartamento da limpeza e o terceiro andar ap303

—sim.

—toma a chave, cuidado com essa chave.

—sim senhor.

—Pablo.

—tou na escuta Cuca.

— tou no a.p no ponto estratégico

—atenção quando o carro chegar.

—ok irmão, cambio desligo.

Tenório não sabia que seu fim estava próximo, trair o dono do Turano era sentença de morte.

—vamos logo rapaz com esse carro, hoje eu quero queimar todas as calorias do fim de semana.

—certo doutor, vamos chegar logo.

De repente o celular toca.

—alô.

—doutor Tenório.

—diga meu filho.

—é o bacalhau.

—conheci sua voz meu filho, e aí rapaz.

—e o nosso plano de matar o Sacola pra eu assumir o Turano?

—tá tudo nos conformes, o matador contratado é eficiente, ele trabalha escondido e em silêncio rapaz.

—beleza doutor, assim que eu assumir todo o Turano vai ser meio a meio.

—sim meu filho confio em você.

—confio no doutor também.

—deixar comigo qualquer novidade volto a ligar pra você Bacalhau.

—abraços doutor.

—obrigado passar bem.

—você não ouviu nada rapaz, entendeu?

—nadinha doutor.

—melhor assim, e toca logo esse carro que quero chegar logo.

Deputado Tenório não sabia que seu fim estava próximo, trair sacola planejando com bacalhau seu rival do morro do Turano a tomada do poder no morro era assinar sua própria sentença de morte, Bacalhau era de uma facção rival sempre entravam em confronto pelo poder no Turano, Sacola dominava a maior parte, mas bacalhau estava ganhando território aos poucos, ele conheceu Tenório através de uma pessoa do poder executivo, os dois planejaram o assassinato de sacola um mês antes.

—atento cuca.

—na escuta parceiro, prossiga.

—o pato tá na lagoa, é temporada de caça.

—tou ligado parceiro beleza a hora é essa.

Cuca estava de prontidão a beira da janela do quinto andar do prédio com o fuzil de longo alcance, não tinha como errar, um predador esperando a sua presa. A execução perfeita, tudo calculado nos mínimos detalhes, de repente Tenório desse do carro.

—me apanha aqui há 2 horas rapaz.

—sim doutor.

È agora Tenório traidor, tá na minha mira vai pagar com a vida por trair o movimento, cada segundo o fim se aproxima, num piscar de olhos Cuca aperta o gatilho uma bala certeira atinge a cabeça do Tenório que cai aos pés do segurança sem reação.

—doutor, doutor meu deus alguém chame uma ambulância, ele não respirar, morreu, me ajudem pelo amor de Deus, vítima baleada, em 2 minutos curiosos se aglomeravam para ver o homem morto no chão.

—Pablo.

—na escuta cuca.

—perfeito o tiro.

—risos.

—Tenório é passado.

—sai logo daí irmão, logo aqui vai tá cheio de samango.

—beleza irmão tou descendo.

— mais antes vou pegar a fita da filmagem de segurança do prédio.

—amigo terminei o serviço, aqui tá a chave.

—obrigado.

—parado vocês dois, nenhum movimento senão morrem, porteiro passa essa fita de filmagem de segurança do prédio pra mim, vamos logo os dois pro banheiro.

—Pablo deixar o carro ligado tou saindo, como tá o movimento aí?

—tranquilo até agora, mas logo a área vai tá cheio de tira.

—vamos toca logo esse carro Pablo missão cumprida, para ali naquele beco vamos soltar o faxineiro.

—alô sacola.

—fala Cuca missão cumprida?

—missão cumprida patrão

—como foi?

— tiro certeiro na testa.

—risos.

—finado Tenório.

—volta pra base.

—ok Sacola, estamos chegando.

—Cuca, Pablo, Careca e Dedé, quero que vocês elaborem um plano pra invasão do território do Bacalhau, uma hora desse ele tá sabendo da morte do Tenório que ele vai ser o próximo deve tá se preparando.

—sim patrão.

—já tenho tudo preparado.

— rápido Cuca, homens armamentos pesados, vamos arrebentar esse filho de uma cadela, pensou que seria fácil me matar, vamos matar todos eles.

Depois que meu pai foi embora minha mãe sentiu muito o abandono, solidão e o descaso do maldito com a família meu irmão Tiago nasceu doente e como o tempo seu estado de saúde piorou, fazia tratamento medico pelo estado, as consultam demoravam meses, filas e filas de pessoas doentes, a saúde no Brasil é uma sucata, isso me revoltava não sei pra onde vai o dinheiro dos impostos, o médico disse que precisaria de uma operação que custava muito caro, que o medicamento não era suficiente pra conter o avanço da maldita doença, seu corpo perdera forças e que não fosse feito a tempo morreria. Pra completar minha mãe não andava bem, eu não sabia o que fazer, foi um passo pra eu entrar pro movimento, já conhecia sacola e tinha certeza que ajudaria no tratamento do meu irmão, Bacalhau já sabia da morte do Tenório.

— maldito Tenório idiota não sabe fazer a parada direito, falhou na missão agora sacola vem com tudo pra cima de nós, meia-lua.

—sim patrão.

—reuni os soldados, atento na área que vamos sofrer invasão da facção do Sacola.

—sim patrão.

— armamento pesado, põe os melhores na minha proteção.

Depois de muitos anos de corrupção e envolvimento com o narcotráfico deputado Tenório Silvestre foi assassinado a mando do Sacola, Tenório era página virada.

—Dedé.

—sim patrão.

—pega uísque, cerveja e churrasco e vamos comemorar a morte do maldito Tenório.

—risos.

—viva o movimento.

—viva o movimento.

Depois vamos planejar a invasão ao território do Bacalhau, após a morte do Tenório o grupo festejou com bebida e mulheres, a farra foi quase até de manhã.

Jornal sociedade alerta informar foi assassinado ontem com um tiro na cabeça deputado federal Tenório Silvestre, segundo informações tinha envolvimento com o narcotráfico do rio de janeiro.

— delegado, a vítima envolvimento com o narcotráfico?

—não posso afirmar isso, só sabemos que foi um crime encomendado, a polícia estar trabalhando com varias linhas de investigação, mais como ele era deputado federal o crime será investigado pela polícia federal.

—viu só pessoal como é politico? Eles nos usam e depois jogam fora, pisam e cospem no prato que comem como dizia minha vó são frutas, nascem pelas mãos do povo, crescem nas nossas costas e apodrecem de corrupção.

—sim patrão, é isso aí mais esse virou cinza.

—risos.

— foi pra terra dos pés juntos

—gargalhadas.

A guerra das facções vai ser decisiva, de um lado bacalhau do outro Sacola e seu bando.

—ou geral vence ou morre.

—o senhor tem razão patrão vamos detonar o bando do Sacola.

—é nós no pedaço.

Enquanto isso sacola e seu bando planejavam a invasão ao território do Bacalhau

—e aí meus colaboradores do crime.

John Wayne (De Menor), entrar para o movimento do tráfico

—gargalhadas.

—boa essa patrão.

—chega de papo negocio é serio agora.

—o plano tá feito?

—sim sacola.

—explicar Pablo como vai ser o lance.

—negocio é o seguinte: saca só x-9 nosso do bando do bacalhau passou esse mapa da área dele.

—perfeito amigos, continua Pablo.

—lá tem três entradas: a principal, a do lado da floresta essa é de difícil acesso e a do micro-ondas deles, eles tão esperando a envasão pela entrada principal, segundo x-9 me passou a informação.

—e esse x-9 é de confiança?

—sim patrão.

—olhar lá, se for tocaia, morre tu e ele tá ligado.

—não, não patrão a parada é quente mesmo.

—beleza então.

—vamos dividir o grupo, Dedé é careca vão pela entrada principal, Cuca vai pelo micro-ondas e eu vou pela região da floresta, cada grupo vai com 30 soldados, entrar primeiro o grupo da floresta de difícil acesso, depois entrar o do micro-ondas, quando todos estiverem no ponto certo, espera o grupo da entrada principal atacar, o grupo da entrada principal começar o ataque depois recua fingindo tá perdendo o combate aí quando facção do bacalhau tiver no ponto certo cuca e eu atacamos de surpresa pelo lado.

—bom plano Pablo, perfeito bandidagem até parece filme de guerra.

—risos.

— vai ser o fim da facção do Bacalhau e finalmente todo o Turano vai ser nosso.

—viva o movimento.

Todos gritavam viva o movimento.

—Pablo.

—sim patrão.

—vou lá à tua cola.

—beleza chefe.

Se aproximar o grande momento da guerra das facções pelo poder do morro do Turano, de um lado sacola com seus aliados: Cuca, Pablo, Dedé e Careca, com um plano infalível pra pegar a facção do Bacalhau de surpresa, do outro lado bacalhau com armamento pesado, durante anos foi uma pedra no sapato do Sacola, dois inimigos mortais disputando o poder das drogas, dinheiro e o comando total do Turano.

— meia-lua.

—sim patrão.

—como tá a proteção da nossa área?

—soldados tão todos nos pontos sem falhas patrão.

—ficar atento meia-lua, atitude bandidagem.

—tou ligado patrão se alemão mete a cara vai leva rajadas dc m-16

—logo, logo vamos sofrer invasão do bando do Sacola.

—finalmente o último confronto das facções rivais chegará.

—John meu filho.

— sim mãe.

—seu irmão tá muito doente pede pra deus curar ele, nunca deixe de orar todos os dias meu filho, sim mãe amo a senhora e também meu irmãozinho Tiago, tenho certeza que deus vai curar ele.

—filho preste atenção nunca se envolva com más companhias futuro desses jovens do movimento é prisão ou a morte meu filho.

—sim mãe.

Depois que minha mãe me pediu pra ficar longe do movimento mudei de ideia de pedir ajuda pro Sacola. Mas o tempo passou e meu irmão Tiago não aguentou o tratamento médico e faleceu, anos de luta contra a morte.

Depois de uma semana do assassinato do Tenório facção do Sacola invade o território do Bacalhau ouve-se o fogueteiro soltar o primeiro alerta.

—invasão, invasão.

—sim patrão.

—chegou a hora de geral acabar com o bando do Sacola, vamos a batalha bandidagem, sem piedade e pra meter fogo nos alemão.

—atento Cuca, atento Pablo.

—na escuta Careca.

—tamo invadindo a entrada principal.

—beleza parceiro.

—geral tá no ponto estratégico.

—continua avançando depois do sinal recua com o bando.

A batalha começou tiros para todos os lados, corpos caindo de ambos os lados num confronto similar a uma guerra de verdade, balas perdidas matam inocentes que pagam com suas vidas nessa guerra maldita aí veio o plano do bando do Sacola, ouve-se pelo radio a ordem pra recuarem.

—atento careca.

— na escuta parceiro.

—recua o bando.

—beleza irmão.

O bando começou a recuar como foi planejado.

—olha lá patrão os alemão tão batendo em retirada.

—é mesmo meia-lua sabe que com bacalhau não se brincar.

—vamos matar eles e agora.

Bacalhau não esperava ser surpreendido por um ataque surpresa pela retaguarda, quando menos esperava veio à sentença de morte, o resto do bando atacou pelas costas e pelos lados, muitas balas surpresa matavam aos poucos os soldados do bando do bacalhau.

—patrão vamos morrer.

— calma meia-lua tu é bandido ou um rato? Não para de atirar.

As balas da facção do traficante sacola acabaram com o reinado de anos do seu rival do Turano.

—Cuca.

— sim patrão.

—não mata ainda o maldito bacalhau.

—deixar comigo com esse fuzil não vou errar, vou dar um tiro na perna dele.

Com o Snipes de longo alcance e mira telescópica, Cuca deu um certeiro na perna do bacalhau, ficando em pedaços.

—maldito só me entrego morto.

—no chão caído bacalhau suspirava seus últimos minutos de vida.

—vamos lá pessoal eu quero acabar com o serviço.

Sacola chegou finalmente próximo do bacalhau que agonizava no chão.

—risos, é agora peixe, tá aos meus pés morrendo como um verme eu falei que tua hora ia chegar, achou que tu e aquele Tenório traidor me mataria fácil assim.

—me mata logo, acaba com o serviço.

—Dedé.

—sim patrão.

—pega a 9 mm prateada, essa e uma ocasião especial bala de prata, risos.

—toma sacola.

Num piscar de olhos sacola deu um tiro de 9 mm na testa de bacalhau acabando com seu rival de muitos anos.

—verme maldito nunca mais vai me dar trabalho.

—o Turano é nosso, todos gritavam e disparavam muitos tiros para o alto.

—Pablo finalmente eu controlo o Turano.

—é nós patrão o movimento vai bomba com as vendas.

—negocio e o seguinte, essa área tu comanda tá ligado?

—tou ligado irmão.

—atitude do movimento.

—sou responsa do crime Sacola.

Com a morte do meu irmão, minha mãe e eu ficamos sozinhos, com o passar do tempo a maldita doença se agravou, ele ficou impossibilitada de trabalhar foi um passo pra mim entrar pro movimento, não tinha outra maneira outra maneira pra mim ajudar minha mãe, maldito sistema. No dia seguinte fui procurar Sacola, todos se reuniam para planejar um resgate no presidio, um aliado do Sacola, o conhecido assaltante de bancos "Gordo".

—fala aí parceiro que você quer aqui?

—quero falar com o Sacola.

—risos.

—falar com quem rapa, vai pra casa moleque.

—quero falar com o Sacola

—já falei cai fora senão vai conhecer meu fuzil moleque.

—que rebu e esse aí soldado?

—esse moleque quer falar com o chefe, já falei pra ele cair fora.

—baixar tua bola aí soldado e deixar o moleque entrar.

—fala aí qualé o assunto?

—quero entrar pro movimento.

—esse mundo sem volta moleque, como e teu nome?

—John Wayne.

—quem entrar só sai morto moleque.

—chega aí vamos falar com Sacola.

—Sacola.

—entra aí Cuca.

—tem um moleque aqui quer bater um papo com você.

—quem é?

—é o tal de John Wayne.

—deixar o moleque entrar.

—entra aí.

—o famoso John Wayne, nome de artista Cuca.

—risos.

—fala moleque quer virar bandido?

—sim encaro tudo.

—olha aí cuca o moleque tem atitude, vamos ver se ele dura muito.

—é isso aí.

a sociedade é podre, antigamente todos moravam juntos, depois veio esse negocio de mundo burguês e expulsou todos de suas casas e jogaram agente aqui nesse buraco pra depois chamarem de favela, chamam agente de favelados e nos tratam como ratos, mas ratos são eles De Menor, aqui eu sou o rei do Turano todos me respeitam ganhei o poder matando, bandido não tem sentimento John Wayne, não tem medo de matar nem morrer. Quem sustenta o tráfico não são os pobres, são os malditos riquinhos viciados esses que consomem de toneladas do pó do inferno eles estão em minhas mãos, lá no asfalto tu vai ser mais um neguinho mais aqui tu vai ter respeito De Menor, quem cheira que cada vez mais eu dou essa corda no pescoço desses malditos.

Olha só o Turano ninguém nunca fez nada pela comunidade, o governo vagabundo corrupto nunca ajudou os irmãos da comunidade, eu sou o rei e ajudo toda a comunidade, mas se vacilar comigo morre. Eu sou a lei e a ordem do Turano, sou a mão que julga no Turano.

—bem vindo ao movimento De Menor.

—viva o movimento.

—viva o movimento.

—Dedé mostra ao de menor o armamento básico, pro moleque ir pegando como aprender a matar os alemão.

—beleza patrão.

—já viu uma dessa? É o poder de fogo de menor.

—irmão quero atirar logo.

—calma De Menor, primeiro vou ensinar você a travar, destravar e carregar vai ser tudo por partes, logo você vai tá metendo bala nos alemão tá ligado.

— tou antenado na primeira lição Dedé.

—e isso aí moleque atitude.

— risos.

Lembra-se do resgate do Gordo, a facção do Sacola libertou ele sem dar nenhum tiro, foi simples dia de visita ele saiu pela frente como se fosse visita comum, mas é claro sacola subornou o diretor safado os guardas levaram o deles também, fizeram vista grossa, depois Careca e Pablo esperavam ele no lado de fora do presideo, isso é o brasil só fica na cadcia pobre fumado o dinheiro comprar tudo até a liberdade de um bandido perigoso.

Os primeiros dias de John Wayne "De Menor" na facção começaram com as aulas de tiros depois veio o pior aprender a matar sem piedade, mas também tinha que ter sorte e aprender a sobreviver, os soldados das facções que não são espertos tem carreira curta, morre um tem dois pra substituir, a cada batalha das facções pelo poder nos morros e pelo controle da venda das drogas, muitos soldados e pessoas inocentes perdiam suas vidas nessa maldita guerra urbana, a mãe de John Wayne depois de tempo vem a falecer.

—malditos mataram minha mãe sacola, se eu tivesse dinheiro ela não teria morrido eu quero que o sistema morra, nunca mais sou ser pobre nem que eu tenha que matar pra ter tudo.

—calma irmão entendo sua dor, senti o mesmo quando perdi minha tia, única mãe que me criou, todos nós estamos triste de menor com a perda de sua mãe, o Turano tá de luto irmãozinho, vamos preparar o velório de sua amada mãe que deus guarde sua alma, de menor agora somos sua única família.

Minha mãe foi embora levada pelas mãos por Deus, nunca mais vi meu maldito pai, perdi minha mãe perdi meu irmão agora minha família era a facção, o ódio tomou conta de mim estava preparado pra matar ou morrer, meu primeiro confronto foi com a facção rival do morro do farrapo muita bala meu irmão, matei com um tiro de ar-15 na testa um jovem de 13 anos dois anos mais novo que eu, ele foi minha primeira vítima, a guerra que faz perdedores de ambos os lados. Sacola me protegia como fosse seu irmão mais novo.

Anos 90 surge as facções inspiradas no Comando Vermelho, em São Paulo o temido "P.C.C"e no Rio a "F.C", Facção Carioca, seu fundador o machado vingador conhecido como "cicatriz", crime organizado controlava quase todos os presídios carioca, financiavam sequestros, roubo a banco, roubo a cargas tráfico de drogas, jogos ilegais e também financiavam campanha de alguns políticos ligados a facção. Eram bandidos da pesada, Sacola cumpriu pena com cicatriz em Bangu 1, a facção carioca funcionava assim: a cada assalto, roubo, sequestro, venda de drogas os membros da facção davam uma porcentagem pra organização criminosa, esse dinheiro era usado pra comprar armas e também alugavam a outras quadrilhas, ajudavam famílias dos presos com advogados, ajuda financeira também, comprar de sentenças, compravam delegados, promotores, advogados policiais corruptos, diretores de presídios, agentes penitenciários tudo a favor da organização criminosa.

Com a chegada da telefonia móvel ficou melhor pros chefes das quadrilhas controlarem de dentro dos presídios as ações de fora, era o temido celular, com subornos aos agentes penitenciários ficava mais fácil conseguir um celular, e também com informações passadas aos advogados dos presos, usavam as famílias pra passar todas as ordens.

Foi tempos de assaltos a bancos a carros fortes as quadrilhas abriam caminho com armamentos pesados, os funcionários das empresas, funcionários dos bancos davam todas as informações sobre dia, horário, local, e valor pras quadrilhas agirem.

—alô gordo.

—fala irmão.

—é o Cicatriz.

—o que você manda líder? Qual é a missão?

—tem um peixe grande em uma lata querendo ser pescado.

—risos.

—mas é grande mesmo irmão?

—sim é muito valioso.

—só precisamos de um abridor de latas potente.

— sim, isso eu consigo com o Rambo ele tem as melhores.

—beleza então.
— e a equipe Gordo?
—já tenho formada.
—é da pesada mesmo?
—sim os melhores e responsa irmão.
—então tá feito.

O GRANDE ASSALTO AOS CARROS FORTES

—vai ser assim, você no comando líder eu, Pablo, Sacola conhece?

—claro puxei cana com ele em Bangul.

—então eu, Pablo, Cuca, Careca.

—põe um dos meus.

—beleza, quem é?

—cara-de-lata bandido responsa do crime.

—você quem manda, já é então.

—faz assim então Gordo todos reunidos aqui na quarta

—fechado cicatriz, vou comunicar á bandidagem.

A mente criminosa do Cicatriz planejava mais um grande assalto da quadrilha, um roubo aos carros fortes, na quarta feira como foi combinado todos estavam presente na base da organização criminosa.

—boa noite a todos vai começar o plano ação, um momento disse cicatriz: quem e esse moleque sacola?

—é o John Wayne, moleque responsa iniciante do crime "o De Menor".

—sacola a parada é séria parceiro, não pode haver erros.

—eu sei disso cicatriz, o moleque é da minha responsa.

—beleza então confio em você.

—vai ser outro teste de fogo pra ele.

O grande bandido Cicatriz estava a frente do grande assalto aos carros fortes, John Wayne não se conteur em falar o que pensava do bandido criador da "F.C", Facção Carioca na década de 90.

—então o senhor é o grande Cicatriz, fundador da facção carioca a grande organização do crime organizado do rio?

—sou eu mesmo De Menor com tua idade já barbarizava comecei cedo, pra chegar aonde cheguei não foi fácil rapaz, sabe que carreira de bandido é curta, pensando nisso que eu sempre fiquei atento pra não morrer cedo nas mãos dos samangos. Já matei muitos que cruzaram meu caminho, bandido bom tem que roubar coisas grandes, ladrão barato tem que morrer de menor na cadeia eu aprendi muita coisa uma das principais é pensar antes de agir, e também não recuar na hora do tiroteio e não dedurar os irmãos.

—Cicatriz quero aprender muito com o senhor, vou ser um bandido igual ao senhor.

Beleza parceiro somos da "F.C", esse é meu irmão de coração Sacola, se ele falou que você é responsa então eu acredito.

—é um prazer trabalhar ao seu lado Cicatriz.

—viva o movimento.

—viva o movimento

—então vamos deixar de papo e vamos ao que interessa a contagem: Gordo, Cara-de-Lata, Cuca, Pablo, Sacola, De Menor, Careca e eu, a parada é o seguinte meus amigos, o plano ação tá todo nessa maquete, cada um vai ter uma função eu colhi todas

as informações de um gerente da empresa de segurança, tá tudo em nossas mãos não pode haver falhas, como vocês tão vendo nessa maquete aqui é o ponto exato da nossa ação. O comboio dos carros-fortes vai passar por esse ponto exato, como vocês já sabem essa estrada e a BR, são dois carros com 100milhões.

—muita grana meu irmão.

—é isso aí sacola.

O horário que eles vão passar é 07h00min, cada carro tem quatro seguranças com o motorista todos com 38 e escopetas, armamento leve perto do nosso, esse ponto aqui e o, mas vulnerável pra eles. O plano ação é o seguinte: Gordo

—sim cicatriz.

—vamos precisar de duas carretas.

—beleza comando líder eu consigo.

—já vou explicar pra que os caminhões vão servir.

Quando o comboio passar por esse ponto a primeira carreta vai fechar a frente dos carros, ele vai querer tentar dar marchar ré pra dar o retorno aí entra a segunda carreta fechando totalmente o comboio.

—perfeito plano Cicatriz.

Sim, mas ainda não acabou agora vcm o mais emocionante: temos 5 minutos pra abrir a blindagem e abrir os cofres tudo vai ser cronometrado, durante esse tempo eles já acionaram todas as policias, usaremos os armamentos pesados contra as blindagens, só vamos abrir fogo se eles não abrirem os carros se tiver rendição entramos e explodimos as portas dos cofres.

—mais Cicatriz vai voar grana pra todos os lados.

—não Pablo esse explosivo aqui é especial ele só vai arrebentar as portas, tecnologia usada em construções. Além dos mais vou usar o mínimo pra arrebentar as portas.

—é bandidagem é tecnologia da facção carioca.

—exato gordo.

Se eles reagirem, vamos ter que usar a força com nosso armamento, essa blindagem suporta tiros de fuzil ate certo tempo, os fuzis vão abrir caminho, mas quem vai terminar o serviço é a antiaéreo ponto 40 ela vai abrir a lata como se fosse papel.

—risos.

—e aí finalmente pescamos o peixe.

—sim Sacola.

—Cuca.

—você vai ficar encarregado da ponto 40.

—deixar comigo comando líder.

—gordo e Pablo.

—sim comando líder.

—vocês vão fechar com as carretas pela frente.

—é nós irmão.

—Cara-de-Lata é Pablo vão fechar por trás.

—perfeito a missão é nossa.

Depois que todos descerem dos caminhões comessem a atirar pra abrir a blindagem, já sabe por último você termina o serviço com a ponto 40 Cuca.

—tou ligado comando líder.

Depois é com agente Sacola, vamos entrar e instalar os explosivos nas portas dos cofres e acionar.

—já é então comando líder.

Depois pegamos os malotes de dinheiro colocamos nos carros, a rota de fuga vai ser essa meus amigos, continuem seguindo até esse ponto da estrada, depois pegamos esse desvio.

—mais chefe esse desvio vai dar onde?

—calma cara de lata vocês vão ter uma surpresa.

Cicatriz tinha tudo planejado, John Wayne ficava impressionado como cicatriz tinha todo o controle da situação e passava autoconfiança à quadrilha.

—Cuca entra em contato com o Rambo vamos precisar de 3 ak47,3 m16,3 ar15 e antiaérea ponto 40,todos temos pistolas e explosivos eu tenho, então amigos amanhã vamos rever o plano ação de novo, pra na hora não haver falhas.

—é nós Cicatriz.

—De menor.

—sim Sacola.

—tá vendo esse cara na tua frente, aprendi quase tudo que sei sobre crime com ele, Cicatriz é o mestre do crime, o Machado Vingador, você nunca deve chama ele por esse nome ouviu?

—mais porque patrão.

Só pode chamar assim os que são da alta cúpula criminosa da facção carioca, poucos sabem disso, quando ouvem falar no Machado Vingador e por que alguém que pisou na bola com a facção morrer, na cadeia ele deu toda a letra como e o crime, por isso eu te trouxe nessa missão pra você aprender com o melhor tá ligado?

—sim patrão.

Na cadeia ele sempre dizia, ou você se dar bem ou morre, mais morrer roubando o que vale apena, antes de agir você tem que pensar, os companheiros da prisão diziam que o Cicatriz que foi o último dos remanescentes que ao lado do grande Escadinha e o Japonês e outros presenciou a criação do Comando Vermelho. Aprendeu todas as táticas do Escadinha, conviveu com ele e também teve treinamentos com os guerrilheiros da Colômbia, As Farc, E.L.N.o cicatriz sabe tudo De Menor, hoje o comando vermelho tem outra cara, depois de um tempo ele fundou a F.C "Facção Carioca" filho do Comando Vermelho, você tá tendo o privilégio de trabalhar ao lado do "mestre do crime". Esse roubo aos carros forte vai ser pra arrebentar ver senão vacila moleque.

—não vou patrão tou ligado.

—sem nervosismo, se for pra matar pode matar é você ou eles, estamos em guerra. Lembra que só os fortes sobrevivem, os fracos vão pro buraco tá ligado.

—tou antenado patrão, depois que matei aquele soldado do morro do Farrapo perdi o medo, foi um certeiro no meio da testa.

—risos, foram miolos pra todos os lados.

—kkkkkk chefe e o bacalhau levou o dele também.

—kkkk esse página virada pensou que ia me matar dançou o otário, falando nisso vou bater a fio pro Dedé e saber como tá o movimento no Turano.

—alô Dedé.

— falar patrão.

—como tá o movimento aí irmão?

—tranquilo playboyzada tá pegando direto.

—beleza, assim que eu gosto, e os alemão?

—tão dando um tempo patrão, tudo na paz.

—atitude Dedé tou longe, mas tu comanda, antenado.

—é nós sacola deixar comigo, e o peixe já pescou?

—risos.

—quase parceiro, logo, logo.

—quando pegar traz pra cá.

—já é então, Dedé qualquer coisa bate a letra pra mim.

—beleza chefe, boa sorte no plano ação.

— tá ok, fica na paz.

—sacola como tá o morro do Turano?

—tudo em ordem De menor.

— atenção, meus amigos amanhã quero todos aqui pra rever o plano ação

—Cuca você consegue o armamento pra amanhã? Quero testar e deixar tudo em ordem.

— sim já adiantei o assunto com o Rambo à encomenda tá na mão.

— perfeito

— então tá combinado amanhã mesmo horário pessoal.

No dia seguinte toda a quadrilha estava reunida pra rever o plano ação "o grande roubo aos carros fortes".

—Gordo.

—sim Cicatriz.

—e os caminhões?

—já estão prontos pra ação.

—perfeito tua parte tu já sabe.

—tou ligado comando líder.

Cara-de-Lata e Pablo vão fechar o comboio por trás, já sabem se os seguranças se renderem nada de tiros, mas se resistirem pode abrir fogo pra abrir a blindagem.

—cuca você termina o serviço com a ponto 40.

—deixar comigo.

—De menor quando os seguranças se renderem olho neles.

—sim comando líder.

—por último Sacola e eu entramos pra instalar os explosivos nas portas dos cofres e explodir.

—essa é a melhor parte pegar a grana.

Depois peguem os malotes e coloquem nos carros, vamos cronometrar o tempo temos 5 minutos pra ação.

— cuca e os armamentos?

—tão todos aqui, saca só essas belezuras, 3ak, 3m16 e 3 arl5 e o principal a antiaérea ponto 40,essa derruba até avião.

—nossa nunca vi uma dessa na vida.

—sim De menor você vai ver o estrago que ela faz.

—o Rambo se superou cada dia tem uma grande novidade.

—Cicatriz qualquer dia ele vai tá vendendo tanque de guerra.

—kkkkkkkkk.

—é amigos isso se ele já não tiver.

O grande dia chegou a quadrilha estava de prontidão pro grande assalto aos carros- fortes, 5 da manhã de quarta feira todos deixam á base rumo a BR todos ansiosos pra dar inicio ao plano ação tudo nos mínimos detalhes não tinha como errar, Cicatriz a mente criminosa estava próximo de conseguir objetivo da quadrilha, o plano ação teve meses de planejamento. Todos armados até os dentes, tudo silêncio ninguém falava nada concentração total, ouve se pelo radio do gordo.

— atento gordo.

— na escuta comando líder.

—todos com os brucutus nas cabeças copiaram a mensagem? O comboio passou por nós Gordo estar a um minuto de você.

—copiei a mensagem tou no ponto estratégico pronto pra ação comando líder, aqui eles não passam é nós irmão a missão é completa.

—atento Pablo.

—copiei a mensagem comando líder, também tou no ponto estratégico.

Tudo calculado na hora exata o comboio dos carros-fortes passou pela quadrilha, os fuzis estavam engatilhados pronto pra ação do grande assalto, ouve se o barulho dos pneus dos carros fortes freando pra não baterem nas imensas carretas, a primeira carreta fecha pela frente e em vão eles dão macha ré pra tentar recuar pra fugir do cerco da quadrilha e quando a segunda carreta fecha por detrás não tinham como fugir.

—todos vocês desçam dos carros senão quiserem virar presunto.

Antes de cicatriz terminar de falar o segurança de um dos carros abriu fogo em cima da quadrilha.

—fogo pessoal.

Começou o tiroteio, os fuzis abriam caminho nas blindagens dos carros, mais como suportar tanto tempo centenas de tiros de fuzis por todos os lados, um poderio de fogo de um exército.

—base, base estamos sendo assaltados próximo da BR 040, não vamos aguentar muito tempo, nos ajude pelo amor de Deus, são muitos bandidos atirando em nós.

—recebi a mensagem a polícia já foi acionada.

—a blindagem não vai suportar tantos tiros.

—é agora Cuca, arrebentar com a ponto 40.

cuca com armamento pesado começou abrir fogo nos carros, os projéteis da ponto 40 abriu as blindagem como se fossem papel, o assalto aos carros fortes parecia um campo de batalha, as poucas pessoas que passavam em seus carros no momento do tiroteio abandonavam os veículos e se abrigavam nas florestas com medo das balas perdidas.

—suspender fogo Cuca, essa metralhadora é uma desgraça arrebenta tudo que encontra pela frente.

—viu só Cicatriz o que essa belezura faz?

—meu deus esse poder de fogo derruba até avião, o Rambo tem razão esse armamento é perigoso mesmo, atenção pessoal os seguranças tão saindo, De Menor fica de olho neles.

—sim comando líder.

Os tiros da ponto 40 foram tão forte que as balas atingiram os seguranças, um tiro de raspão na perna de um, um no braço de outro e o outro deles teve o abdômen perfurado.

De reprende Gordo se aproximar de um dos seguranças caídos no chão começar a chuta-lo

— a senha do cofre infeliz.

—Gordo seu vacilão.

—sim comando líder.

Ele não tem a senha dos cofres, só os gerentes da empresa, nós vamos explodir.

—foi mau irmão, tinha esquecido.

—tá vacilando, sacola agora é nossa vez vamos acionar os explosivos.

—é nós comando vamos terminar logo com isso.

—pronto Sacola tá feito, pra trás agora 1 2 3 detona, fogo.

—eita beleza muita grana cicatriz.

—pessoal vamos logo temos 2 minutos pra carregar os malotes pros carros

— cara-de-lata é muito grana.

—sim careca com isso dar pra fazer a festa.

—deixar de papo têm 30 segundos agora.

—tudo carregado Cicatriz.

—perfeito Cuca.

—vamos pessoal o peixe foi pescado.

O assalto saiu tudo perfeito como Cicatriz havia planejado a logística criminal da Facção Carioca tinha varias etapas, desde informações dos funcionários das empresas, até as pessoas recrutadas, os armamentos pesados, os veículos, as rotas de fuga e também o principal a lavagem do dinheiro. Ele sabia que depois desse assalto toda a polícia do Brasil estaria no seu encalço.

—vamos logo embora Sacola toca logo esse carro.

—deixar comigo vamos voar com essa grana Cicatriz.

—atenção que pode ter barreiras pela estrada com muitos samangos.

—tou atento Cicatriz, qualquer coisa a ponto 40 do Cuca manda o recado.

—risos.

Depois de a quadrilha percorrer 5 km encontram pela frente uma barreira policial.

— atento Gordo.

—na escuta comando líder.

—barreira policial, vamos passar tranquilo se pararem os carros pra revistar pode meter bala.

—pode deixar comigo meu ak 47 dar conta do recado.

— o lance é o seguinte muita calma nessa hora, vamos passar na boa.

—tá ouvindo De Menor?

—tou ligado Sacola.

—você também Cara-de-Lata.

—deixar comigo chefe.

—tranquilidade, se algo sair errado pode meter chumbo nos samangos.

—é nós da "F.C".

—calma De menor o assalto ainda não acabou.

No momento que se aproximava da barreira policial a tensão da quadrilha aumentava, a qualquer momento a casa podia cair e a quadrilha poderia ser presa ou morta, como Sacola disse para De Menor ou você vence ou morre, todos de pistolas 9 mm engatilhadas pronto pra ação. De repente o policial faz sinal pro carro da frente parar, logo atrás de três carros vinha o veículo do Cicatriz com sacola no volante, no carona Cicatriz, Cara-de-Lata e De Menor no banco de trás. Quando chegou o carro do Cicatriz o policial fez sinal pra parar.

— Sacola vamos sair dessa na boa.

—olá policial, bom dia.

—bom dia, os documentos do carro e carteira de habilitação, por favor.

Cicatriz começou a disfarçar procurando os documentos no porta luva desconfiado o policial dar uma ordem para todos descerem do carro

—saiam do carro, por favor.

—todos ficaram parados.

—já falei saiam logo do carro.

Nesse momento o policial sacou a pistola e apontou pra cabeça do Sacola, num piscar de olhos ele se viu sem saída, a morte estava a sua frente, qualquer movimento em falso o policial apertaria o gatilho, todo segundo era precioso pro desfecho do assalto. De Menor lembrou que sacola sempre dizia, se for pra matar você matar e ele ou você, ou você se dar bem ou morre, bandido não tem coração De Menor, ele não perdeu tempo sacou a pistola 9 mm e fez um disparo certeiro na cabeça do policial não teve nem tempo pra reação.

—acelera esse carro Sacola, vamos logo irmão.

A quadrilha começou a atirar nos policiais da barreira, muitas balas dos fuzis abriam o caminho, em um ponto distante da barreira cuca termina o serviço sacou a ponto 40 e fez um estrago tremendo, os policiais se protegiam das rajadas potente da antiaérea.

—mete o pé no acelerador sacola.

—vamos nessa bandidagem.

—atento Gordo.

—tou na escuta comando.

—como tá o clima aí?

—todos bem chefe a grana tá segura muita bala parecia filme de guerra.

—risos.

—gordo me segue.

—estamos atrás de vocês comando líder.

—viu só o estrago que antiaérea do cuca fez chefe.

—sim De Menor ela foi decisiva, mas ainda não acabou vocês vão ter uma surpresa agora pega esse desvio sacola.

— tamo lá Cicatriz, mas onde isso vai dar.

—atento Gordo continua me seguindo.

—perfeito líder

O plano final do Cicatriz era perfeito ninguém podia imaginar que a quadrilha ia se refugiar em uma fazenda no meio da floresta, pensou em tudo como podia fugir, se as estradas estavam todas fechadas com centenas de policiais. O desvio foi dar em uma fazenda no meio da floresta de repente chegou ao seu destino final.

—e agora Cicatriz pra onde vamos isso aqui não tem saída, tou vendo uma casa velha logo na frente parceiro.

—calma Cara -de - Lata.

—de repente a quadrilha ouve o barulho de um helicóptero.

—sujou pessoal é a policia.

—calma Cara-de-Lata são gente nossa.

—mas Cicatriz como conseguiu essa aeronave?

—não falei que vocês iam ter uma surpresa sacola.

—cicatriz o plano ação se superou irmão.

—é facção carioca gordo tudo calculado.

—é nós Careca, geral é a melhor.

—careca.

—pode falar comando líder.

Despeja esses galões de gasolina nos veículos, vamos queimar tudo pra não deixar pistas.

—deixar comigo comando líder destruição é comigo mesmo.

—vamos lá pessoal carregar os malotes para aeronave, rápido bandidagem, rápida.

—chefe não vou voar nesse troço não.

—deixar de drama Cara-de-Lata tu é bandido ou um rato?

—mas chefe nunca voei em nada.

—é seguro Cara-de-Lata, ou prefere ficar aqui pros samangos te pegar.

—vamos amarrar ele na hélice Cicatriz.

—kkkkkkkkk.

—deixa de sacanagem Gordo, eu tenho medo de voar.

—kkkkk, bandido com medo de voar essa é boa.

—tu vai ter medo é se os samangos te pegarem pau-de-arara.

—kkkkk.

—vamos deixar de papo furado e embarca logo no helicóptero pessoal é seguro cara-de-lata ou garanto irmão.

—é a primeira vez que vou voar sacola.

—De Menor é uma sensação muito boa moleque, como se fosse uma ave voando livre no céu.

—atenção facção, vamos embarcar ao voo do sucesso.

—olá comandante a máquina tá beleza?

—sim tudo em ordem Cicatriz, pra onde vamos?

—morro do Turano comandante.

—beleza é a nossa casa pessoal lá eu garanto a segurança de todos.

—sim Sacola lá os samangos não meter a cara de primeira.

—eu garanto a segurança total dos irmãos Cicatriz, sou Sacola o rei do Turano.

Toda a quadrilha partiu no voo de um helicóptero alugado por cicatriz para a fuga do grande assalto aos carros fortes, por cima não tinha como ninguém saber o paradeiro dos quadrilheiros.

—olhar só Cara-de-Lata a vista como é lindo.

—não quero nem olhar.

—kkkkk

—então é dessa forma que os samangos patrulham os morros cariocas.

— e isso aí Cuca.

—agora você com essa ponto 40 podem derrubar os pássaros de ferro dos samangos.

—exato Cicatriz quando aparecer samango voando pelo céu do Turano vão virar cinza.

—de repente o comandante avisa aos passageiros do voo do grande assalto.

—atenção passageiros em 15minutos nós estaremos aterrissando no Turano.

—mais já vai chegar nem deu pra curtir o voo.

—é isso aí Pablo.

—tenho que ligar pro Dedé, mas a droga do celular tá sem sinal.

—por que quer ligar pro Dedé patrão?

— De Menor se esse helicóptero se aproximar do Turano nós vamos ser abatidos por rajadas de balas, você ainda não sabe as regras do movimento, se qualquer aeronave que voar próximo ao Turano os soldados tem minha ordem pra abrir fogo, a bandidagem vai pensar que nós somos samangos, começar logo a rezar o Cicatriz não me falou que agente vinha de helicóptero até o Turano.

—relaxar parceiro quando a aeronave aproximar o sinal volta.

—se isso não acontecer tamo frito.

—para de falar besteira Cara-de-Lata

—eu não tou nem preocupado quero e torrar esse grana no estrangeiro.

—é rapa, esse é o Gordo cabeça fria.

—risos.

—é isso aí Careca.

—por isso que o bandido gordo tem sangue frio tá ligado.

—gargalhadas.

—vocês tão se preocupando atoa meus amigos, esse helicóptero suporta tiros de fuzil ele é blindado, vamos torcer pra não levar muitos tiros nos motores.

—olha lá patrão tou vendo o Turano.

—é nossa área Pablo.

—comandante sobrevoa aquela quadra lá na frente, não muito perto senão os soldados vão atirar.

Quando o helicóptero se aproximou do Turano os soldados do movimento começaram a abrir fogo, muitas balas atingiam a aeronave, a blindagem suportava os tiros de fuzil, mas se a parte motor fosse atingido varias vezes seria o fim da quadrilha.

— beleza pessoal o sinal do celular voltou.

— liga logo senão o bicho vai pegar pro nosso lado, os soldados tão abrindo fogo.

—comandante tá tranquilo?

—sim vai dar pra aterrissar.

—faz assim aquele campo de areia perto do mato e um lugar melhor pra aterrissar

—perfeito vamos pra lá então

Pô esse merda de celular não pega, calma tá chamando.

—alô Dedé é o Sacola.

—pode falar patrão.

—para de atirar no helicóptero tamo dentro dele.

—suspender fogo pessoal.

—não sabia que era o senhor patrão, pensei que fossem os samangos voando na nossa área.

A invasão do morro do Chapéu

Logo em seguida quando a aeronave desceu no Turano a facção comemorou o sucesso do assalto, todas as polícias do Brasil estavam à procura dos bandidos.

Jornal "Sociedade Alerta "informa na manhã dessa quarta feira as 07h00min h um bando de assaltantes fortemente armados assaltaram dois carros fortes na rodovia BR 040,a quantia de dinheiro roubado ainda não foi divulgada pelo banco, segundo informações de pessoas que passavam no local na hora do assalto parecia um campo de batalha, tiros pra todos os lados.

Eu vinha em meu carro dirigindo com minha mulher e minha filha de cinco anos, quando dois caminhões fecharam bruscamente os carros fortes, depois desceram vários bandidos e eles começaram a atirar sem parar nos veículos, minha maior preocupação era com minha família, descemos do carro e corremos pra floresta pra nos proteger dos tiros, varias pessoas que também passavam no local desciam dos carros e corriam pra floresta pra também se proteger das balas perdidas, o assalto durou mais ou menos 7 minutos.

—delegado Coelho, delegado coelho uma informação pra imprensa, foi divulgada a quantia roubada? E quem são os bandidos responsáveis por esse assalto?

—não senhora o banco não divulgou a quantia pra não atrapalhar nas investigações, vamos trabalhar com todas as hipóteses desde as informações que podem ter sido passadas por pessoas da empresa de segurança ou mesmo do banco, quanto aos bandidos responsáveis por esse assalto temos certeza que são da facção carioca, nós sabemos que eles tão acuados com Operação Colômbia da polícia federal, as drogas e as armas estão sendo apreendidas por isso esses meliantes estão sem opção e migrando para assalto a bancos e carros fortes, mas a polícia civil em trabalho conjunto com a militar, federal e forças armadas, vamos prender toda essa quadrilha.

—Doutor a polícia tem algumas pistas desses bandidos?

—a polícia está trabalhando nesse caso, outras informações é sigilo, não podemos divulgar pra não atrapalhar nossas investigações.

—delegado coelho mais uma pergunta?

— obrigado a todos por hoje é só

—agente Souza.

— sim doutor.

—você acha que a F.C está por trás desse assalto?

—com certeza doutor, a operação da polícia federal tá matando o crime organizado, são eles que tão barbarizando nesses assaltos, os meliantes tão acuados e tão partindo pros assaltos a bancos e carros fortes.

—exatamente a P.F tá trabalhando muito, mais ainda falta muita coisa, tem muita corrupção por trás disso, são peixes grandes que tão comandando essas quadrilhas, pessoas que agente nem imagina agente Souza.

—concordo com o senhor.

—deve ser aquele bandido cicatriz que tá a frente de tudo, o sistema que é culpado agente Souza, prendemos os vagabundos e as brechas do judiciário soltar, na época da ditadura não tinha essas frescuras de direitos humanos o regime militar baixava o cassete em todo mundo, quem fosse contra a ordem o progresso, meu pai foi delegado desse tempo, disse que a bandidagem respeitava a polícia, qualquer coisa errada era pau-de-arara nos Mané, os bandidos bons eram os bandidos mortos.

—é doutor hoje vagabundo não respeita a polícia, enquanto andamos com pistolas eles tão armados com fuzis e antiaérea a, mas comigo é diferente passo fogo em vagabundo.

—eu também Souza, agente Souza.

—sim delegado Coelho.

Aciona o informante ver se consegue alguma pista dos assaltantes, todo cuidado é poucos esses aí são os bandidos da pesada, alguém deve saber algo é questão de tempo pra eles vacilarem, Lembrar-se do Gordo? Esse pode está no meio também.

—sim me lembro dele tem uma ficha extensa por roubo a bancos.

—não posso aceitar isso que aconteceu nesse presidio, um detento sair pelo portão da frente sem ninguém ver, só pode ter suborno no meio.

—sim doutor, com certeza o diretor levou muita grana.

—que, mas me indigna é que o safado não foi exonerado, julgado, e nem preso.

—infelizmente doutor como o senhor falou é o sistema desse país que contribui pra corrupção

—Souza isso é o Brasil.

—enquanto isso no Turano a quadrilha fazia a partilha do assalto.

—pessoal tai a parte de vocês como foi combinado.

—valeu cicatriz, aprendi muito trabalhando no seu lado.

—valeu de menor fica ligado no movimento moleque.

— é nós mermão.

—cicatriz você vai fugir pra onde?

— Sacola estou indo pra Colômbia negociar armas e drogas com os guerrilhas, pó irmão os federa tão caindo em cima de nós com essa Operação Colômbia, lá na Colômbia eles querem armar bem a guerrilha, os maluco lá dizem que vão dar um golpe de estado no governo. se isso acontecer vai ser a jogada certa pra Facção Carioca. Já pensou negociar direto com a Colômbia, todos vão ganhar nesse jogo. Agora bandidagem fica ligado por que os federais vão cair em cima de vocês, fica na moita esperando a poeira sentar Sacola tá ligado?

—tranquilo Cicatriz tamo atento, comunidade aqui não abre o bico.

—guardar essa grana que logo o mercado vai tá livre pro movimento negociar as drogas e as armas.

—beleza mermão vai na paz.

—vocês também.

—Cara-de-Lata, Gordo seus vacilões não vão cair dessa nave.

—kkkkkk deixar com agente Careca.

—olha só o Cara-de-Lata tá morrendo de medo.

—risos.

—não esquenta Pablo tou perdendo o medo da coisa.

—então vamos deixar de papo e voar logo pra Colômbia.

O voo da F.C com Cicatriz, gordo e Cara-de-Lata partiu rumo à Colômbia, a quadrilha se desfez feliz com sucesso do assalto.

—atenção pessoal comemoração geral na comunidade, Careça preparar a quadra vai ter um festão pra geral. Redobrar a vigilância pra não haver surpresa de samango pintar na área atrás de nós.

— deixar comigo patrão.

a comunidade toda estava em festa, muita bebida, samba, baile funk, rapper Jones foi um dos que comandava a festa, na década de 90 rapper Jones foi um dos primeiros rapper a fazer música falando do movimento e do crime organizado, ele durante muito tempo fez parte da Facção Carioca mas com a música encontrou outros caminhos melhores, conheceu sacola quando ele era soldado, se afastou do crime e nunca abandonou a comunidade.

—atenção pessoal eu quero agradecer o presença do rei do pedaço o nosso amigo da comunidade sacola palmas pra ele. Esse é meu amigo de muitas datas, irmãozinho eu fiz uma música pra você nas caixas DJ.

Detento57

Sua vida começa no dia 16 de 1970 abandonado pelo pai abandonado pela mãe

Conheceu a dor da solidão.

Seus únicos irmãos estão na mesma situação.

Sem amor sem carinho a amargura domina seu coração.

Sua vontade de gritar sua vontade de morrer.

É maior que a vontade de viver.

Eu preciso de alguém pra dizer de onde venho.

Pra onde vou.

Quem são meus verdadeiros pais.

Quem sumiu que não existem mais.

Por que no dia do meu aniversario.

No dia do natal.

Ninguém veio pra me abraçar.

No dia que chorei precisei de um ombro amigo.

Pra me consolar.

Sem opção aprendeu a odiar a matar.

Detento 57 eu vou matar.

Eu vou roubar.

Detento 57.

Vou atirar pra matar.

Detento 57 eu vou matar.

Eu vou roubar.

Detento 57.

Vou atirar pra matar.

Aos 10 anos começou na vida do crime.

Com furtos pequenos.

Relógio, carteira e cordão.

E num dia aconteceu que num assalto frustrado.

Matou pobre coitado que só tinha 2 reais.

Corre foge pra lado cansado.

Cuidado que a lei vai te pegar.

Corre foge pro lado cansado.

Cuidado que a lei vai te pegar.

Agora sou detento da FEBEM.

Comando o pavilhão.

Decido quem vai viver.

Decido quem vai morrer.

Tu vai ver.

Na primeira rebelião.

Eu dou o fora daqui.

Depois de 2 anos estourou a rebelião.

O detento 57 comanda o pavilhão.

Chamar os homem da lei.

Juízes, promotores, advogados.

Façam tudo que quiser.

Façam tudo que eu disser.

Senão cabeças vão rolar.

Escola do crime que forma bandido.

Na primeira fuga todo mundo tá perdido.

Escola do crime que só forma bandido.

Na primeira fuga todo mundo tá perdido.

Dos 10 lideres da rebelião o detento 57.

Foi único que sobreviveu.

Agora tou solto tou nas ruas.

Vou aterrorizar

Os homem da lei nunca vão me pegar.

Ninguém me segue ninguém me persegue.

Se isso acontecer cabeças vão rolar.

Escola do crime que só forma bandido.

Na primeira fuga todo mundo tá perdido.

Escola do crime que só forma bandido.

Na primeira fuga todo mundo tá perdido.

Conheci C.V, F.C, P.C.C.

O crime organizado das favelas criminal.

Organizam rebeliões, sequestros tráfico de drogas.

Crime por encomenda.

Agora tou em casa.

Valeu irmão esse música foi pra você.

—olha Pablo a cara do patrão nunca ele ficou assim, tá quase chorando de emoção.

—é mesmo Careca rapa nunca vi o Sacola assim, ele que tem o coração de pedra.

—cuca.

sim patrão você tá bem?

—sim, esse rapper Jones contou toda a história da minha vida nessa letra de música, tudo isso eu já passei, veio lembranças de quando eu era moleque todas as passagens pela FEBEM os furtos, os assaltos que praticava quando pequeno. Quem é testemunha disso é o Dedé, ele foi meu amigo de infância.

—sim sacola lembrou bem de quando agente roubava no asfalto, agente era moleque apanhava muito dos canas é também dos monitores da FEBEM tudo isso que o Jones cantou são histórias da nossa vida.

— é rapa o cara é um poeta mesmo pessoal.

—vamos comemorar sacola toma aí uma cerveja.

—beleza Dedé valeu irmão.

—olha só rapper Jones vai cantar outra música.

Agora comunidade vou cantar essa canção, fala da história de um amigo meu que foi morto covardemente pela polícia.

Toca o som aí DJ.

"Labirinto Perdido"

Escorrendo suor pelo seu corpo.

Lágrimas de sangue.

O cheiro da morte.

É chegada a hora.

Antes de morrer.

Chamou pelos seus entes queridos.

Sua mulher, seu filho, seus amigos.

É dura a vida de bandido.

Vida de bandido que só tem um caminho.

Caminho sem volta, labirinto perdido.

Quem vence é o inimigo.

Deus é meu amigo.

O diabo inimigo, derrotado fracassado.

Minha infância foi perdida.

Meus sonhos, meus ídolos.

Crescer e ser alguém respeitado e ser amado.

Mas como conseguir isso em um mundo.

Quem é rico é rico quem é pobre é pobre.

Vida de bandido é corta e dolorosa.

Matar roubar e não conseguir nada.

Entra nessa é uma roubada meu irmão.

Os cana tão a fim de te matar.

Aponta a pistola pra tua cabeça

Tá acuado tá cercado.

E na noite de sábado assalto frustrado.

Foi fuzilado foi pisado.

Notícias no jornal massacre na televisão.

Casa de detenção chacina de vigário geral os meninos da candelária.

Acidente de carro bala perdida.

Matou na avenida principal.

Crime passional suicídio coletivo.

Escorrendo lágrimas de sangue.

Lembranças de sua infância perdida.

Queria ser o tal.

Acabou sendo marginal.

Matando pela sobrevivência.

Como se fosse um animal.

Mas animal não tem consciência do que faz.

Matar por extinto matar pra sobreviver.

E você que matar por prazer.

Matar com crueldade matar sem piedade.

Marginal roubando na avenida principal.

Não tem tempo não tem chuva.

Não faz mal.

Ele faz o papel de um ator principal.

Num filme que é real.

Obrigado a todos vocês, valeu toda comunidade.

Comemoração foi até quase de manhã. No dia seguinte todos estavam reunidos pra mais um dia de venda na boca.

—Dedé que você viu aí a notícia no jornal sobre o assalto?

—patrão delegado falou que foi a Facção Carioca a responsável, mas não disse os nomes dos assaltantes.

Uma hora dessa os samangos já devem tá sabendo, não querem falar quem foi, mas eles não vão meter a cara aqui, vamos dar um tempo como Cicatriz falou e depois que a poeira baixar, negociamos as drogas e as armas.

—é isso aí patrão, com Cicatriz com contato com as guerrilhas vamos nos dar bem.

—De Menor o movimento tem que crescer de novo, atenção a todos, quero falar uma coisa importante bandidagem, é sobre um soldado que mostrou que tem conceito, responsa e atividade, aguentou a pressão não recuou e tomou a decisão certa, aqui na frente de vocês De Menor.

—viva De Menor.

—viva, viva.

—pra mim e uma satisfação fazer parte desse movimento, aprendi muito esses anos com vocês, Sacola, Cuca, Careca, Dedé e Pablo vocês que são do conceito, fiz, mas que minha obrigação, que era proteger "O Rei do Turano", qualquer um de nós daria a vida pela sua proteção.

—olha só Cuca o moleque é bom com as palavras.

—risos.

Aprendeu bem a lição Sacola.

De Menor você salvou minha vida moleque, te devo uma, bandidagem samango tava com a pistola apontada pra minha cabeça, um piscar de olhos adeus Sacola, De Menor foi, mas rápido sacou a sua 9 mm e deu um certeiro na cabeça do samango.

—viva De Menor e o irmão do dono do Turano.

—sim Careca considero esse moleque minha família, alias todos vocês, me deixar terminar de contar: arranquei o carro e muita bala nos samangos, e depois de uns metros cuca arrebentou com a ponto 40 os samangos.

—sacola como foi o assalto?

Dedé nós cercamos os carros com duas carretas, seguranças abriram fogo em cima de nós, revidamos com todo o poder de fogo dos fuzis, depois cuca abriu a blindagem dos carros com a ponto 40 como se fosse papel, Cicatriz e eu entramos explodimos os cofres e pegamos toda a grana, depois pegamos uma estrada que deu em um desvio chegamos em uma fazenda abandonada, pô mermão e lá tinha essa surpresa essa aeronave pra nossa fuga.

—chefe o cara-de-Lata morria de medo da altura.

—kkkkkk.

—é Careca, esse cara-de-lata é um comédia.

—risos.

—aí chegamos aqui fomos recebidos a balas pelos soldados.

O assassinato do senador Ciro Pelicano e o assalto a Agência bancaria

—pô patrão não sabia que eram vocês.

—não esquentar Dedé fez tua parte.

Pô mermão perdi tudo isso, na próxima tou dentro.

Mas fez sua parte Dedé cuidou bem da nossa área e vendeu bem bagulho pros playboys.

—sim patrão o senhor tem razão a boca bombou esses dias

— foi tudo isso que falei bandidagem De Menor mostrou que moleque do conceito, tá sendo o bandido mais procurado do rio tão ligado.

— patrão então o moleque passou no teste do fogo.

—sim Careca.

—agora vamos negociar armas com o Rambo pra tomar o morro do chapéu e mete o Pepeu do pó na vala bandidagem.

—viva o movimento.

—viva o movimento.

Enquanto isso na delegacia, delegado coelho colhia as informações sobre o grande assalto aos carros forte.

—agente Souza.

—sim doutor.

—informante abriu o bico?

—não chefe ninguém no Turano que falar nada nem se o estado dobrar o dinheiro pra eles trabalharem como informante da polícia, comunidade ficou com trauma desde que queimaram aquele último informante.

—os caras são uns animais assassinos sanguinários Souza

—são capaz de matar a mãe doutor.

—pô assim complica o trabalho da polícia.

—a única coisa que consegui foi um detento que falou que o Cicatriz liderou o assalto.

—então está confirmado, foi o próprio em pessoa agora onde esse meliante pode está escondido.

—doutor o Rio de Janeiro e grande podem tá em qualquer buraco, pode também tá escondido no Turano.

—se tiver no Turano então a facção do Sacola está envolvida.

—talvez sim doutor.

—agente Souza preparar a viatura nós vamos sair.

— sim delegado, vamos pra aonde?

—Polícia Federal, falar com o delegado campos responsável pela divisão de repressão ao crime organizado do Rio, ele que está investigando a muito tempo as atividades criminosas da "F.C".

—doutor esse Cicatriz é bandido barra pesada.

—pode ser o que for agente Souza, nós somos a lei, vamos desarmar essa quadrilha, o pegamos vivo ou morto, todo o bando vai está atrás das grades ou mortos.

—doutor esse dinheiro que foi roubado é do banco central?

—exato Souza.

—então a P.F está no caso.

—logico agente Souza por isso vamos à Polícia Federal falar com o delegado Campos, ontem falei com ele e me disse que tem umas pistas do Cicatriz e o bando que assaltou os carros fortes, disse que temos que trabalhar em conjunto: Polícia Federal, Civil, Militar e Forças Armadas, estão desencadeando uma operação chamada Colômbia, a intenção é frear a entrada de drogas e armas nos morros cariocas, e em todos os lugares que a organização criminosa está presente, por isso a bandidagem tá migrando pros assaltos, mas e questão de tempo pra essa mega operação acabar de vez com o crime organizado no Brasil, e colocar ordem nessa zona Souza.

—com certeza doutor, quando o estado que o negocio andar, mas o senhor sabe que tem muitos rabinhos presos com as facções criminosas, lavagem de dinheiro, propina, financiamento de campanha, caixa dois do crime, e muita sujeira.

—sei bem Souza como funciona o sistema, lembrar-se do deputado Tenório, aquilo foi queima de arquivo deve ter falhado com a facção criminosa e aí dançou esses bandidos não perdoam.

O assalto aos carros forte foi um dos maiores realizado pela quadrilha do cicatriz na década de 90,o governador da época cobrou um maior empenho das polícias pra acabar de vez com a onda de assaltos a bancos e carros fortes, as agências não possuíam as portas giratórias detectores de metais, os bandidos chegavam em bando fortemente armados, limpavam os cofres e fugiam sem ninguém impedir para Polícia Federal era uma questão de honra desmantelar a quadrilha do cicatriz.

—bom dia delegado campos como vai o senhor?

—muito bem obrigado é um prazer receber os senhores em minha delegacia.

—prazer é meu, esse aqui e agente civil Souza.

—tudo bem doutor?

—tudo bem Souza sejam bem vindo a Operação Colômbia organizada pela Polícia Federal, muito bem vamos ao que interessa delegado coelho estou com a ficha desse meliante Cicatriz tem mais de 3 metros. Parceiro o cara é formado na vida do crime.

—conheço um pouco dessa trajetória criminosa dele, prendi uma vez esse vagabundo por roubo de carro doutor.

—entendo coelho, ele era se família humilde natural da cidade de Santos-S.P, começou batendo carteiras, depois roubo de toca fitas, roubo de carros, tráfico de drogas, o cara é um código penal inteiro delegado Coelho, se eu for ler toda a ficha dele toda vamos passar o dia todo aqui.

—e mesmo delegado campos esse aí é formado na universidade do crime.

—bandido tem um curriculum extenso doutor

—sim agente Souza.

—de repente alguém bate na porta.

—pode entrar.

—bom dia a todos.

—bom dia.

—esse e nosso chefe de operações especial agente federal Miguel, esses são nossos amigos da civil delegado coelho e agente Souza.

—prazer conhecer vocês, bem vindo a Operação Colômbia.

—como estava falando pra eles Miguel esse meliante cicatriz é muito perigoso, é questão de honra pra nós acabarmos com essa carreira de crime dele, e exterminar essa Facção Carioca.

—com certeza vamos conseguir doutor.

Ele cumpriu 5 anos de cadeia no presidio da Ilha Grande, lá que conheceu escadinha e aprendeu todas as suas táticas criminosas e também tem um forte treinamento de guerrilha com a As Farc e E.L.N, ele presenciou a criação do Comando Vermelho, e depois fundou a Facção Carioca, com moldes parecidos com o C.V.

—então tá comprovado a participação da "F.C" no assalto aos carros fortes, e o Cicatriz como mentor doutor?

—sem dúvida delegado Coelho, Cicatriz foi o mentor com participação de seu braço direito Gordo, Cara-de-Lata e alguns membros do movimento do Turano: Sacola o traficante que comanda a venda de drogas no morro do Turano, Careca, Cuca, Pablo e um jovem meliante vulgo De Menor, possivelmente foi ele que matou o policial da barreira.

—eu suspeitava que a F.C estava por trás de tudo, mas nunca imaginei que o cicatriz participaria novamente de um assalto, já que sua experiência nessa atividade criminosa apenas organizava os assaltos.

É desespero que tá batendo neles Coelho, a Polícia Federal execrar essa organização criminosa, em breve vamos colocar todos esses marginais atrás das grades, vivos ou mortos.

—concordo com o senhor delegado.

—seu braço direito e o gordo responsável pelo gerenciamento criminoso da "F.C" e o cara-de-lata é uns do lideres da facção no rio de janeiro.

—exatamente delegado campos esse pilantra foi resgatado, entre aspas comprou sua liberdade isso sim.

—sabemos de tudo que aconteceu nessa fuga tudo foi um suborno oferecido ao diretor do presidio com as provas que temos em breve ele vai responder criminalmente por tudo, mas a P.F trabalhar em sigilo e escondida quantos menos se espera estamos metendo os foras da lei em cana.

—com certeza delegado Campos continue, por favor.

—estamos monitorando cicatriz e a facção carioca á dois anos.

—eficiência da Polícia Federal quem dera que a civil tivesse todo esse recurso.

—mas estamos aqui pra trabalhar em conjunto com a Polícia Civil, Militar e as Forças Armadas a Operação Colômbia só vai ter êxito se unirmos nossos esforços pra acabar com esse câncer que mata a sociedade, crime organizado precisamos muito de vocês, a Operação Colômbia vai atuar em uma mega operação que estamos articulando nos estados que a "F.C" está presente: Rio de Janeiro sua sede, São Paulo, Minas, Paraná, e alguns outros estados, e também com o trabalho de fronteira do exército, Marinha, Aeronáutica, a fronteira Brasil-colômbia os fuzileiros brasileiros juntamente com os Sigs do Exército e os brigada de paraquedista da Aeronáutica são muito importante pra nós, a colaboração dos Estados Unidos e do exército colombiano. eu sei que não vai ser fácil mas teremos que vencer esse mal delegado coelho.

—juntos conseguiremos delegado Campos, mas me fale desse Sacola.

—ele cumpriu dois anos de prisão em Bangu 1, foi lá que conheceu Cicatriz, e aprendeu tudo sobre crime.

—sei, é a famosa escola do crime delegado Campos, professor bandido ensinar aluno, esse pilantra aprendeu bem, tomou todo o Turano matou seu rival bacalhau e ainda mandou matar aquele deputado Tenório envolvido com o narcotráfico.

—sim coelho tudo está ligado, nossa maior preocupação não é o simples tráfico de drogas nos morros, e sim frear de vez a venda de drogas e armas que passam pela fronteira e chegam aos morros e nas grandes cidades do Brasil, além dos mais nossos informantes na Colômbia descobriram que os guerrilheiros da as Farc e E.L.N querem se unir pra dar um golpe de estado, se isso acontecer vai ser péssimo pro Brasil, a guerrilha no poder o crime organizado brasileiro cresce, por isso que estamos também trabalhando com o governo colombiano e com os americanos.

—a Polícia Civil vai dar todo suporte necessário a Polícia Federal.

—agradecemos a visita de vocês.

—obrigado delegados campos pelas informações, nossos agentes estão nas ruas trabalhando qualquer fato novo comunico a vocês.

—obrigado delegado Coelho, qualquer pista estamos aqui.

A mega Operação Colômbia montada pela Polícia Federal foi montada dois anos antes, estava no seu auge, foi a que mais durou seu objetivo maior era acabar de vez com o tráfico de drogas e de armas, muitas tentativas foram feitas contra as quadrilhas, toneladas de drogas e armas apreendidas nas blitz da Polícia Federal, pessoas envolvidas com o tráfico, membros da "F.C" foram presos, enfraquecendo o poderio das quadrilhas organizadas, a facção carioca estava perdendo território, por isso migrou pros assaltos a bancos, carros fortes, sequestro e roubo de cargas.

—Pablo tá muito silêncio rapa, algo andar errado.

—é patrão tou achando que os samangos tão planejando pro nosso lado.

—você achar que sabem que fomos nós?

—essa hora do campeonato com certeza Sacola.

— vamos ficar na moita tá ligado.

—sim patrão.

—chegou o De Menor, fala aí como tá o movimento da boca?

—patrão tá bombando a venda, a cotação do pó tá em alta, playboyzada tá cheirando direto, mais o pó tá acabando Sacola, nosso carregamento tá na reserva.

— sim tou ligado no lance são eles malditos federa que tão fumando com a venda prenderam muito pó esse ano, temos que manter a calma que vai dar tudo certo.

—sim patrão.

—por onde anda o resto da bandidagem?

—o careca tá na venda, o Cuca tá limpando o armamento, e o Dedé fiscalizando a guarda.

—mermão eu nunca vi ninguém pra gosta tanto de arma como o Cuca.

—patrão adivinha qual ele tá limpando?

—já sei a antiaérea 50 mm ponto 40.

—sim patrão essa mesmo ele disse que amanhã vai dar umas rajadas lá no micro-ondas pra fazer o test driving.

—e vocês também tem que treinar, logo geral invadir o morro do Chapéu.

—qual vai ser o plano dessa vez sacola?

não tem plano De Menor, vai ser igual a seleca de 70 no peito e na raça, tomar a rajadas o morro dos alemão, Pepeu do Pó que nos aguarde.

—Sacola nós temos que tomar logo o chapéu e expandir a venda das drogas, a boca teve prejuízo esse mês com a apreensão da Polícia Federal.

Sei como e Pablo, por isso cicatriz que levantar a "F.C" com esses assaltos, logo ele tá de volta da Colômbia com um trabalho novo pra nós.

—Sacola esses assaltos são perigo irmão vamos que samango põe a mão em nós.

— é eu sei Pablo e um risco que temos que correr todo cuidado e pouco

Seja que Deus quiser.

—sim Pablo somos do movimento, De Menor

—sim patrão.

Reuni bandidagem e diz pra tarem antenado na invasão do morro do chapéu e aí moleque vai encarar esse combate?

—sim Sacola tou pro que der e vier.

—moleque do conceito esse De Menor viva o movimento.

—viva o movimento.

—é os soldados Pablo?

—patrão tem cinco que eram olheiros que passei pra soldado.

— e os moleques são responsa.

—sim sacola.

—o que acha De Menor?

—vamos ver essa semana se eles passam no teste de fogo.

—é mesmo se ficarem vivos tão aprovados, diz pro cuca passar treinamentos puxado pros soldados novatos.

—já tão lá no micro-ondas dando uns tiros.

— falando nisso vamos lá dar um conferida.

—atento Cuca.

—tou na escuta parceiro.

—patrão tá dando uma subida pra ver o treinamento dos novatos.

—beleza pode vim.

—quem são os novatos?

— são esses aqui Sacola.

Vocês foram promovidos a soldado movimento, bandidagem tem que conceito no peito, não tremer na hora do tiroteio, o bandido do movimento não tem coração matar sem piedade os alemão tá ligado. Seus únicos amigos são os aks 47 que tão pendurados nos pescoços de vocês, os m16, os ar 15 e as 9 mm esses sim vocês podem confiar, vocês vão passar pelo teste de fogo a invasão do morro do chapéu eu sei que muitos não vão voltar mas guerra é guerra, e pra meter rajada nos alemão do chapéu, Cuca como os novatos tão saindo?

—eles tão atirando de pistola depois vão atirar de fuzil.

—beleza preparar bacana os soldados novatos.

—sim patrão deixar comigo.

—cuca esse armamento tá responsa?

—sim dei um grau neles tão só file no ponto de matar os inimigos.

—não quero que ninguém fique na mão por causa disso, e essas uzis aqui?

—tão sendo usada pelos soldados da contenção.

—carrega essa aqui pra mim.

—toma aí, ainda sabe atirar com elas, risos.

tá brincando comigo, olha só o estrago que eu faço, é mesmo isso aqui é o máximo, quero dar uma rajada dessa na cara do Pepeu.

—risos.

—chefe quando vai ser a invasão?

Na sexta Cuca, vamos invadir na força irmão bandidagem vai entrar fuzilando com os ak-47,m 16,ar 15 e com as semiautomáticas, você vai levar o fuzil Snipes, se o Pepeu aparecer na tua mira pode sentar o dedo.

—não vejo a hora de isso acontecer, os soldados tão prontos pro combate.

— tomara que sim, senão quem fraquejar vai tombar morto no chão.

—tem razão sacola o confronto com a facção do Pepeu vai ser barra pesada os caras tão com armamento pesado.

Pode tá ate com antiaérea que vamos tomar o chapéu deles, já falei que essa boca é minha, conto com tua inteligência nessa invasão.

—somos os cavalheiros de aço nada nem ninguém pode nos parar, esqueceu disso Sacola.

—pode crer cuca nunca me esqueço disso.

O morro do chapéu era uma comunidade próximo ao Turano, nunca foram rivais da facção do Sacola, o tempo passou e a venda cresceu, a ambição dele ia além dos domínios do Turano, já tinha tomado todo o Turano matando seu rival bacalhau agora estava próximo de conseguir o morro do chapéu, mas não sabia ele que ia encontra uma forte resistência do soldados da facção do Pepeu do Pó, eles eram em menor numero mas sabiam muito bem se defender com armamentos pesados que compravam do Rambo, a guerra estar próximo de começar façam suas apostas quem vai vencer esses confrontos de traficantes da pesada.

Enquanto isso no morro do chapéu, Pepeu do pó conversava com seu gerente Navalhada

—estou sentindo fria na nossa área navalhada.

—será mesmo Pepeu? Você confia no Sacola?

—não navalhada depois que ele tomou o território do bacalhau pode querer invadir o chapéu a qualquer momento, dobrar o numero de soldados na defesa do morro.

—sim patrão já é então se eles invadirem vai ter rajadas de ponto 40 nós alemão

—vi esse Sacola pivetinho roubando no asfalto, o pilantra entrou pro movimento cresceu rápido foi do dia pra noite, agora que tomar todos os morros cariocas.

— a subida dele foi rápida a queda vai ser mais rápido ainda patrão. Se meter a cara no morro do chapéu vai levar rajadas de m16 na cara.

— os dias passaram e a invasão do morro do chapéu chegou, Sacola e seu bando estavam preparados pro confronto das facções.

—atenção bandidagem nós vamos tomar o Chapéu eu sei que muitos não vão voltar, mas tudo isso vai ser pela nossa causa, só os fortes lutam e sobrevivem alguns de vocês vão passar pelo teste de fogo hoje pra mostrar pra geral que são do conceito, desejo sorte a todos com a proteção de Deus, viva o movimento.

—viva o movimento.

— viva sacola o rei do Turano.

—viva, viva o rei do Turano.

—Cuca, Pablo, Careca e De Menor.

— aqui patrão.

—cada um de vocês lidera 15 soldados na envasão.

—é nós patrão

—já sabem entrar de surpresa atirando no bando do Pepeu, antes do galo cantar vamos tomar o território deles, Cuca fica atento com a Snipes se o Pepeu aparecer na tua mira pode sentar o dedo no alemão.

tou ligado sacola deixar comigo, antes de ele piscar vou meter uma bala na testa dele.

—confio em você Cuca, De Menor vai pelas laterais do chapéu tem poucos soldados e mais fácil de entrar moleque.

—vocês ouviram o que patrão falou soldados vamos pra batalha.

— Pablo pelo outro lado, antenado bandidagem que eles podem tá na moita a espera.

—deixar comigo sacola.

—careca é cuca vem comigo vamos invadir pela frente.

—é nós patrão tamo na sua proteção.

A facção partiu ás 04h30min da manhã antes do sol nascer, ele achava que tomaria o morro do Chapéu, mas nunca poderia imaginar a surpresa que espera por eles, Pepeu e seu bando estavam preparados para o confronto, dias antes Navalhada dobrou o numero de soldados na proteção do morro com armamentos pesados, Sacola e seu bando iam bater de frente com as duas antiaéreas que esperavam na entrada.

—o bonde tá quase chegando patrão.

— careca quero logo acabar com isso, antes do sol nascer vamos tomar café em cima do morro do chapéu.

—chefe nós vamos tomar cafezinho no velório do Pepeu.

—kkk.

—exato De Menor, eles tão tranquilo dormindo em serviço.

—atenção pessoal tamo chegando.

— agora é tudo ou nada.

— atirem não vamos recuar.

—patrão eles parecem tá em maior numero.

—o maldito adivinhou que geral ia invadir.

—sacola o numero de soldados do Pepeu aumentou

—tou ligado Cuca o maldito desconfiou da envasão e dobrou os soldados da contenção.

—atento Pablo, atento Careca, como tá a invasão lateral?

patrão tem muitos soldados do Pepeu na proteção do chapéu, eles tão resistindo a bala o cerco, alguns dos nossos soldados já tombaram no chão, negocio aqui tá pegando.

—copiei a mensagem Pablo, aguenta aí que depois eu retorno a mensagem pra geral.

— e aí cuca o que você acha?

—sacola pela frente tá difícil se a nossa facção meter a cara aqui vamos tombar no chão, essas rajadas são de antiaérea.

—maldito Pepeu, essa ele levou, perdi uma batalha mais não perdi a guerra

—recuar Careca, recuar Pablo, recuar todo o bando copiaram a mensagem vamos voltar pro Turano.

—na escuta patrão geral copiou a mensagem.

—Cuca esse Pepeu vai ter o troco.

—tranquilidade patrão geral vai planejar outra estratégia de invasão.

—Sacola queria meter uma bala na testa do Pepeu

—eu também De Menor.

—olha lá patrão os alemão tão batendo em recuada, botamos eles pra correr.

—Navalhada ele pensou que seria fácil tomar o nosso território, a nossa facção dar a vida pelo morro do chapéu.

—é nós patrão do morro chapéu.

—corram seus malditos aqui quem comanda e o Pepeu do Pó.

A invasão do morro do chapéu foi frustrada pelo poderio bélico da facção do Pepeu do Pó, as perdas foram maiores do lado da facção do Sacola, dos 5 soldados novatos 3 morrerem no confronto das facções, a vida de um soldado do movimento vale uma bala de m16,morreu começar tudo de novo.

—maldito Pepeu nunca esperava que fosse difícil tomar o morro do chapéu, o infeliz estava armado até os dentes, cuca quantas perdas tivemos?

—15 soldados sacola incluindo três dos cinco novatos.

—então esses que sobraram são os que passaram no teste de fogo, como sempre falo só os fortes sobrevivem.

— patrão infelizmente é assim, soldado bom é soldado vivo.

Você achar que teve x-9 que passou a letra da invasão?

—acho que não Sacola, o Pepeu é cobra criada diferente do bacalhau que era um sonhador que queria dar um passo maior que a perna, o Pepeu é um bandido do conceito que pensa antes de agir, quando invadimos o território do bacalhau ele logo percebeu que o chapéu podia ser o próximo.

—é mesmo cuca vamos deixar o Pepeu pro segundo plano o que e dele tá guardado.

—patrão telefone

— quem é Careca?

—e o maldito do Gordo

—risos

—é ele ainda tá vivo.

—gargalhadas.

—fala aí Gordo da Facção Carioca.

—só tou curtindo aqui no estrangeiro.

—risos, tá certo então, enquanto você curte aí, nós aqui tamo no trabalho, tá podendo parceiro.

—que nada Sacola, você que e o rei do Turano tem todas as mulheres nos teus pés

—risos.

— é o cicatriz, Cara-de-Lata?

—no meio da selva negociando com as guerrilhas.

—é rapa o Cicatriz tá virando um Che Guevara brasileiro.

—risos.

—ele é o diplomata da bandidagem brasileira.

—diplomata kkkkk.

—mas diz qualé à parada dessa vez?

—outro grande roubo.

—fechado tamo nessa o movimento precisa de grana pra comprar mais drogas e armamentos, não conseguimos tomar o morro do chapéu do Pepeu que tava armado até os dentes, queremos comprar um armamento responsa pra nossa nova invasão.

—Pois é Sacola com a parte de vocês da pra reforçar o poderio de armas.

—onde vai ser a parada?

—quando eu chegar aí, falo com você Sacola.

—beleza irmão.

Mais outro grande assalto da quadrilha estava próximo de acontecer, desta vez o perigoso meliante gordo que comandaria toda a ação criminosa.

—alô.

—aqui é o machador vingador.

— quem vai morrer dessa vez machado vingador?

— senador Ciro Pelicano.

—quem o senhor quer que execute a missão?

—cuca da facção do Sacola.

—tudo bem, vai ser feito como o senhor deseja.

Quem será essa voz misteriosa ao telefone dando essa uma ordem pra executar um senador do governo, era nada menos que o temido Cicatriz, que usava esse assustador pseudônimo pra eliminar os inimigos da "F.C" e também os que descumpriram as leis do crime organizado, senador Pelicano foi um desses.

Mais uma vez o machado vingador sai pra fazer justiça pra facção carioca, dessa vez o alvo seria o senador Ciro Pelicano um influente politico ligado a Facção Carioca, com prestigio no governo era ele responsável pela lavagem de dinheiro da quadrilha, depois de um tempo deixou de prestar conta de muito dinheiro que deveria devolver a facção, deu um golpe genial que os contadores demoraram meses pra descobrir, quando foi descoberto já sabia que estava condenado à morte, a temida "F.C" não perdoa seus traidores.

—patrão soldado da contenção tá dizendo que o gordo tá na área.

—deixar ele subir nunca mais vi aquela cara feia do Gordo.

—soldado acompanhar ele até aqui.

—copiei a mensagem tamo subindo.

—olha só quem é vivo sempre aparece, o maldito Gordo.

— kkkkkkkk.

E aí sacola beleza, olha só rapa De Menor, na paz Cuca e você Pablo, Dedé, Careca, a todos os abraços do Cicatriz.

— beleza irmão tamo feliz em tiver vivo kkkkkkkkkk.

—o temido Gordo da Facção Carioca.

—risos.

—que nada pessoal eu sou apenas um comandado do Cicatriz.

—e falando nisso como nosso o amigo tá se saindo na Colômbia?

— tá com as guerrilhas negociando, disse que a parada vai ser quente irmão.

—fala Gordo, qualé a parada pra nós mermão.

—outro assalto pessoal esse vai ser simples, é recrutar os soldados e meter o bicho na grana sem muito papo, o lugar tem pouca segurança os informantes disseram que tal dia o banco vai tá cheio da grana, não tem mistério pessoal, a cidade tem uma delegacia com um delegado, um escrivão e dois agentes de polícia. A parada e rápida só precisamos de uns sete pra fazer esse assalto.

—vamos encarar essa, o movimento tá precisando de grana, Gordo essa tal de Operação Colômbia tá matando nossa boca os carregamentos de drogas, as armas não tão chegando até nós, o Rambo falou que a P.F é o Exército tão apertando o cerco nas fronteiras, varias armas e também drogas foram apreendidas.

A mega Operação Colômbia liderada pela Polícia Federal junto com as Forças Armadas, estava causando um grande prejuízo pras facções, toneladas de drogas e armas foram apreendidas pelos agentes federais, a intenção era enfraquecer a venda de drogas nos morros, e apreensão de armas, assim os pés e as mãos dos criminosos estavam atados, por isso a opção deles foi migrar pros assaltos a bancos, carros fortes, sequestro e outras atividades criminosas.

—eu sei Sacola por isso tou aqui, a Facção Carioca também tá sentindo essas perdas dos carregamentos o cicatriz tá na colômbia negociando com as guerrilhas, ele disse pra vocês não esquentarem que isso passar, deixar rolar a parada enquanto isso vamos fazer uns assaltos pra levantar a organização criminosa e o movimento tá ligado.

—tou ligado Gordo, o velho Gordo tá de volta pessoal vamos comemorar.

—risos.

—Gordo chega aqui

—o Machado Vingador tem uma missão pra nós.

—tou sabendo Sacola é aquele safado do senador pelicano que não prestou contas da grana da facção, muita grana sacola que o safado não devolveu mais, ele foi esperto os contadores da facção carioca demoraram a descobrir, ou sabendo que o safado tá no hospital internado ele tinha era que tá enterrado.

—o machado vingador nunca pediu nada pra geral do movimento.

—è sacola, mas dessa vez ele pediu porque confia em vocês irmão.

—sim não vamos decepcionar a facção carioca afinal fazemos parte dela.

—e quem ele escolheu pra missão?

—o Cuca.

—beleza o cuca sabe fazer esse trabalho como ninguém.

—cuca chega aí quero bate uma letra com você.

—tou aqui pode falar Sacola.

—sabe quem é o machado vingador?

—a mão que julgar pela Facção Carioca, sabe quem é.

—então do movimento, ele quer que você mate o senador pelicano.

—pode deixar comigo faço o serviço devemos muito a "F.C" só preciso de um pra me acompanhar, um apoio nessa missão.

—beleza o Careca vai com você.

—tá feito então irmão viva o movimento.

—viva o movimento.

—careca chega aí.

—sim patrão pode falar.

—você e o Cuca não vão participar do assalto, vão executar uma missão pra F.C ordens do Machado Vingador.

—tá ligado.

—deixar com nós chefe já é então.

—depois o cuca fala pra você a missão.

—tou atento patrão.

Os últimos dias do senador pelicano estava chegando ao fim, o homem do governo encarregado de fazer a lavagem de dinheiro da Facção Carioca, com prestigio em todo país, nunca ninguém desconfiou que aquele homem pai de família politico bem conceituado era o maior responsável pelo dinheiro sujo da F.C, seu poder aquisitivo ia muito além do que seu salário podia comprar, tudo fruto de irregularidades com política e envolvimento com o narcotráfico do rio.

—careca a parada é o seguinte, nossa missão é executar o traidor senador Pelicano, ele tá internado nesse hospital "São Matheus" na zona leste do Rio, vamos lá vou entra disfarçado de médico e sondar área pra ver se não tem sujeira e depois vou executar ele.

— e onde eu entro nessa história Cuca?

—você vai apenas ficar de olho dentro do carro na parte de fora pra ver senão pintar sujeira.

—isso é moleza deixar comigo irmão te dou cobertura.

— vamos agora pra lá.

Os dois comparsas cuca e careca saíram na missão de executar o senador Pelicano. A primeira parte do plano era estudar o terreno pra depois agirem

— é aqui careca o hospital.

— parece tá calmo Cuca.

—esse é um hospital de emergência uma U.T. I ninguém vai perceber eu entrando de falso médico.

— Cuca você é o rei dos disfarces, vai sair bem.

—atento na área Careca vou lá.

— ei você leva uma pistola aí

—claro sou prevenido também, olha a 9 mm

—risos.

Cuca entrou no hospital disfarçado de médico sondou a área é viu que tinha pouca segurança, o trabalho poderia ser feito rápido sem levantar suspcita.

—como foi lá cuca?

—sondei a área tá limpeza só tem um segurança vigiando a porta de entrada do quarto do senador, vou entrar como se fosse um médico pra aplicar a medicação nele aí até nunca mais Pelicano, vai voar pra bem longe.

—risos.

—é isso ai Cuca.

—como você vai matar o maldito?

—envenenado careca.

—envenenado, como é isso? Serio mesmo?

—sim, vamos passar em um lugar tenho um contato que trabalhar com química, ele tem um veneno poderoso careca que só de você inspirar ele tá morto.

—e qualé esse veneno?

—o cianureto, o mesmo veneno que a mulher do Hitler tomou pra me matar.

—como? Quem é essa pessoa que falou não tou entendendo nada, você fala palavras difíceis Cuca.

—deixar pra lá Careca toca logo esse carro.

Os comparsas saíram em busca do perigoso veneno cianureto, depois se 30 minutos chega ao lugar desconhecido por Careca, um bairro de classe media alta, casas de luxo, carros do ano um lugar acima de qualquer suspeita.

—nossa que lugar bonito olha só essas casas Cuca, olha só irmão esses carrão, será que esse é o lugar certo?

—sim Careca é aqui mesmo.

— irmão aqui deve morar só gente da grana.

—sim Careca, eu já morei nesse bairro.

—eu sabia que antes você tinha grana, mais não tanto assim.

—é irmão mais agora o papo é outro sou do movimento.

—é aqui.

—onde?

—naquela padaria

—padaria parceiro, você vai pegar um veneno na padaria, não quero nem saber de comer esse pão aí.

—risos

—não esquenta vamos entrar.

—você vai querer comer alguma coisa Careca?

—não, não.

—deixar de onda Careca, dois lanches completo pra nós.

—relaxa aí irmão conheço a área.

—quando se aproxima um dos funcionários da padaria com os lanches.

—e aí irmão beleza.

—na paz cuca.

—cadê o Garcia? Quero falar com ele.

—um momento, eu vou falar que você tá aqui.

Aquele lugar era um bairro nobre que estava acima de qualquer suspeita, guardava muito segredos, a padaria era fachada pra encobrir os crimes do narcotráfico, quando os dois entraram em uma entrada secreta que dava ao porão do casarão, Careca teve uma surpresa, lá funcionava um laboratório de refino de cocaína da facção carioca.

—caramba cuca isso aqui e um laboratório de drogas irmão, nunca poderia imaginar que essa padaria escondia isso, rapa os caras então vão comer esse pão e ficar doidão.

— risos.

—isso aqui é um laboratório secreto da facção carioca Careca, nunca os samangos invadiram, não vão suspeitar que em um bairro nobre, uma padaria esconde um laboratório de refino.

— é ai cuca beleza?

—beleza Garcia, esse aqui é meu parceiro careca do movimento.

— beleza Careca?

—beleza irmão, você que fabrica as paradas pros maluco ficar doidão?

—é sou eu mesmo.

— e ai cuca que você manda?

—Garcia você tem cianureto?

—tenho sim, cuidado isso é muito forte, só de você inspirar pode morrer na mesma hora.

—sim tou ligado, eu quero usar pra matar um ratão que causou um grande estrago pra "F.C".

—segura o veneno Cuca, pode usar injetável ou via oral, oral o efeito e instantâneo.

—sim Garcia depois eu vejo a melhor maneira de usar, valeu irmão qualquer coisa bate a letra pra mim.

— ok Cuca somos "F.C".

— valeu homem das formulas

—beleza Careca, se você vê maluco viciado em pão já sabe o que é.

—risos.

—com o veneno letal em mãos os dois saíram em dispara para terminar a missão de executar o senador Pelicano.

—careca vai ser amanhã a noite que vamos terminar a missão.

—tou ligado Cuca.

Enquanto isso os outros integrantes da quadrilha se armavam pra praticar outro assalto a banco. A ação criminosa do bando estava perto de começar

—aí Gordo vamos fazer ou não a parada?

—sim Pablo tá tudo no esquema, a cidade que falei a vocês é Alcântara do Vale, distante do Rio de Janeiro 150 km, cidade calma com cerca de 100 mil habitantes, com uma delegacia com um delegado dois investigadores e um escrivão, esse dinheiro vai ser pagamentos dos funcionários da prefeitura e uma grana de alguns empresários vai receber pra pagar funcionários, vai ser moleza bandidagem só depende de nós.

—então vamos organizar a missão Gordo.

—beleza Sacola.

—você vai participar?

Não vou nessa, tenho que ficar pra monitorar os passos do Cuca e do Careca na missão de executar o maldito traidor senador Pelicano.

— então quem vai nesse assalto?

—todos vocês menos De Menor vai ficar na área comigo.

—então beleza vai, Pablo, Dedé, eu e mais cinco membros da Facção Carioca.

—já é então Gordo.

—então vamos traçar logo o plano, a parada é o seguinte sem muito papo vamos render os samangos de manhã quando eles chegarem à delegacia, três vão ficar na delegacia de olho neles, ouvindo minhas instruções pelo radio, quando os demais tão na agencia limpando o cofre. Quando eu der a ordem vocês deixam o local e partem com agente pra nós pegarmos fuga.

—pô então vamos logo que meu fuzil que cuspir bala.

—calmo Dedé, na hora ele certa ele vai ser útil.

—risos.

—como somos três não dar pra irmos sozinhos amanhã vamos pegar mais cinco membros da "F.C" pra ajudar nesse assalto.

—esse pessoal é do conceito, não vão bater em recuada se os samangos pintar de surpresa?

—Dedé tu já viu colocar vocês em furada rapa?

—não Gordo pode crer, mas foi só uma curiosidade.

—olha só Sacola bandido curioso, de curioso morreu o rato.

— risos, pode crer Gordo, Dedé relaxar parceiro vai que você é do movimento, faz a parada e trás a grana pra nós.

— beleza patrão já é então.

no dia seguinte Gordo, Dedé e Pablo saíram ao encontro dos outros cinco membros da F.C que participariam do assalto em Alcântara, entre eles tinha uma mulher conhecida como Verônica uzi, mulher de um membro da F.C que foi morto pela polícia em um assalto, ela tinha esse sobre nome porque nos assaltos sempre usava duas metralhadoras israelenses uzi, mulher de responsa perante os membros da F.C Cicatriz tinha toda confiança nela. Nessa época tinha poucas mulheres que participavam das ações das facções criminosas, Verônica uzi começou sua carreira criminosa ao lado do marido o conhecido e perigoso assaltante de bancos "Tijolão", mas em um assalto ele foi alvejado por uma rajada de fuzil da Polícia Civil, continuando assim sua vida criminosa, loira bonita e alta chamava muito atenção por onde passava, Pablo e Dedé ficaram impressionados nunca tinham visto uma mulher assaltante é tão bonita.

—é ali pessoal naquela rua deserta, para aqui nessa casa branca Dedé.

—quem mora aqui gordo?

—ninguém Dedé isso aqui é umas das bases criminosa da "F.C".

Vamos entrar pessoal eles tão lá dentro.

—e aí pessoal beleza esses aqui é o Dedé e o Pablo do movimento do Turano.

—esses são Bigode, Mineiro, Rato da Noite, Miro e nossa querida Verônica uzi

—pô só nome feio Gordo.

—é gente também Dedé kkkk, é claro com exceção da nossa querida verônica.

—esse Gordo sempre gozador comediante devia trabalhar na televisão.

Pois é Bigode, rir faz bem pra saúde, faço isso pra descontrair pessoal pra quebrar a tensão do assalto, mas quando o negocio começar paro com toda a brincadeira.

—beleza Gordo.

—pô Gordo quem é essa mulher aí rapa?

—essa é verônica uzi.

—ela é muito gata irmão.

—demais Dedé.

—pô Gordo uma mulher vai com nós, ela não vai dar pra trás parceiro?

—fica calmo Pablo vocês não sabem quem é a Verônica de verdade, nem se tocaram o sobre nome que ela usa meus caros amigos. Mostrar aí que você tem pra eles Verônica.

Pablo e Dedé ficaram assustados quando viram a loira sacar duas metralhadoras automáticas e apontar em direção as suas cabeças.

—calma aí mulher apontar essa arma pra lá.

Gordo se espocava em risadas.

—Verônica uzi é do conceito pessoal, se juntar todos aqui não vamos conseguir bater a eficiência dela, a mulher era esposa do nosso amigo finado Tijolão que Deus guarde sua alma, ele foi morto pela polícia em um assalto.

—é rapa ouvi falar dele Gordo o cara era barra pesada da F.C na década de 80.

—exatamente Dedé, então meus queridos vocês tão em boas mãos, alias em lindas mãos.

—risos.

—Verônica vai ser um prazer trabalhar com você.

—o prazer é meu Pablo.

—então vamos deixar de conversar e vamos logo ao plano. Sairemos ás 2 da manhã bandidagem como falei antes a todos, ficaremos na delegacia da cidade até os canas chegarem, entramos e rendemos eles, uns vão ficar de olho neles enquanto os outros vão tá fazendo a limpeza na agência, vou separar os grupos: Bigode, Mineiro e Miro vocês ficam na D.P de olho nós canas, eu, verônica, Dedé, Pablo e Rato da Noite vamos fazer o trabalho na agência.

A quadrilha partiu em direção a Alcântara do Vale ás 02h00min da manhã em menos de duas horas chegam a cidade pacata, de 50 mil habitantes com lindas paisagens a beira do Rio, a F.C começou a perceber que seria mais fácil roubar essas agências de pequenas cidades onde o efetivo de policiais e armas era pequeno perante o poderio da quadrilha, era fácil render todos os policiais da cidade e roubar as agências, poucos policiais com pistolas jamais poderiam parar assaltantes com fuzis e metralhadoras automáticas, os assaltantes da" F.C "usavam táticas de guerrilha que aprenderam com" o rei do crime "Cicatriz. Todos chegam próximo à delegacia esperando o restante dos policiais chegarem para o expediente.

—que horas tem rato da noite?

Cicatriz negocia com a guerrilha

—cinco pras oito chefe.

—beleza o resto dos canas tão pra chegar.

— olha lá gordo acho que é o delegado e o outro deve ser o agente civil.

—vamos fazer assim pessoal você vai primeira Verônica finge que vai fazer uma denuncia eles vão se distrair com você, entramos e rendemos os da frente depois vamos pra sala do delegado, beleza pessoal.

—beleza chefe.

—confiram as armas de vocês.

Verônica desce do carro segue em direção à delegacia chega próximo ao escrivão que se impressiona com sua beleza e com seu charme fatal, ela distrai com conversas a respeito de uma denúncia de roubo quando o restante chegou e rendeu os policiais.

—vamos lá pessoal atrás dela, fica de olho da área Miro pra ver senão pinta sujeira.

—bom dia queria fazer uma denuncia.

— fique a vontade sente aqui, por favor, diga a denuncia que a senhora quer fazer?

—queria denuncia um roubo.

Quando ela terminar de falar o restante da quadrilha entrou e rendeu o escrivão.

—perdeu samango safado fica na tua, onde tão os outros?

—calmo amigo calmo.

— calma é uma merda se tu passar informação falsa você morre.

Quando um dos policiais civis entrou na recepção foi rendido pelo Mineiro.

—fica na tua aí, me dar essa arma pra cá.

—a sala do delegado rápido senão você morre.

—é aquela da frente, olho neles pessoal.

—é essa sala Pablo mete o pé na porta que o pegamos de surpresa.

—Pablo derrubar a porta e render o delegado sentado na mesa.

— mão na cabeça doutor, sem movimento em falso senão você morre.

—tirar a arma dele Pablo.

—cadê as chaves das celas?

—tem mais outra cana? Onde ele tá? Diz logo senão você morre.

—ele tá de folga hoje.

— as chaves das celas.

—tá com o policial da frente da recepção

—vamos lá parceiro.

—beleza

—ei você encontrou a chave com o cana?

—tá aqui.

—peguem todos eles que vamos colocar nas celas com os presos, tem algum preso na carceragem delegado?

—apenas dois.

Vamos logo todos vocês pras celas.

A quadrilha tinha rendido todos os policiais da cidade, sem polícia agora ficou mais fácil executar o assalto na agência.

Agora vocês vão sentir o gosto das grades seus samangos malditos, bora logo entrar todo mundo aí, vocês dois seus vagabundos tão preso por quê?

—eu fui furto senhor.

— eu brigar.

—sai logo daí vocês tão livre.

Todos os policiais atrás das grades com bandidos fortemente armados com fuzis e metralhadoras, o bando se dividiu pra terminar a ação criminosa.

—Mineiro, Miro e bigode vocês ficam aqui de olho nos canas, pelo radio passo as instruções pra vocês.

—beleza chefe.

—vamos logo pessoal tem monte de grana esperando agente sacar.

—é aquela agência, agora ou nunca vamos lá.

Cinco bandidos invadiram a agência bancaria com fuzis e metralhadoras, a temida verônica uzi foi a primeira a entrar com as uzis empune dando uma rajada assustadora pra cima da agência. Pobres dos seguranças não tinha como reagir com resolveres 38 contra fuzis.

—todos no chão isso é um assalto, sem reação senão vocês morrem.

—o gerente é esse aqui.

—abrir logo o cofre sem enrolação tá vendo essas automáticas? Se tu me enganar vai levar uma rajada de balas.

—tudo bem senhora eu abro o cobre

—vamos logo tá me enrolando tu vai morrer cara.

—fica calmo preciso de um tempo pra abrir o cofre, ele demora alguns minutos para o sistema abrir.

—tá de conversa furada cara vai morrer.

—não estou, vou conseguir abrir.

A pressão psicológica que a quadrilha fazia em cima das pessoas era pra intimidar, meter medo pra não haver reação, mas tem traumas de assaltos que pessoas nunca se esquecem, necessitam de um tratamento psicológico longo.

—abriu pessoal o cofre beleza vamos logo carregar a grana nas mochilas, rápido com isso sem parar temos que terminar e pegarmos fuga.

Na delegacia Miro, Mineiro e bigode estavam de olhos abertos nos policiais presos, quem diria nunca poderiam imaginar presos em sua própria delegacia, audácia dos bandidos da "F.C". Quando miro um bandido perigoso se fez passar por policial no momento que um homem chegou à delegacia pra fazer uma denúncia de roubo. Mal sabia ele que aquele em sua frente era um bandido membro da quadrilha.

—bom dia policial eu quero fazer uma denúncia de roubo do meu carro.

—o seu veículo foi roubado?

—sim exatamente.

— o senhor que conhecer nossas instalações?

Como? Não entendeu vim aqui pra fazer uma denúncia de roubo do meu veículo é o senhor vem com essas bobagens de instalações, tenha-me paciência tenho mais o que fazer.

—faço questão seu vagabundo fica na tua aí

Calma policial abaixar essa arma, você tá louco sou o médico da cidade, vou denuncia-lo a corregedoria de polícia.

—tu tá em cana.

Mineiro e bigode se espocavam de dar risadas com o desempenho do Miro se passando por policial.

Bigode com a chave das celas nas mãos fala com o médico.

—ei doutor fazemos questão que o senhor conheça nossa cela, vamos logo e deixar de frescura tá falando muito que levar um teco no meio do olho rapa.

O médico assustado começou a perceber que tudo aquilo era muito estranho.

—entra logo aí, fica com esses vagabundos.

—risos

O médico entra na cela onde estavam todos os policiais.

—vamos logo pra frente pessoal que eles tão pra mandar a mensagem.

—ei o que acontecendo aqui vim fazer uma denúncia de roubo de meu veículo acabei preso por esses policiais que me maltrataram.

— fica calmo senhor nós somos da polícia, esse daí são bandidos perigosos que nos renderam e nos prenderam aqui, eu sou o delegado.

—minha nossa como pode, ainda gritei com o bandido, ainda bcm que ele não me matou.

— senhor nós temos que ficarmos calmos aqui, e pedir a Deus que der tudo certo pra nós, eu não sei o que eles querem.

— Bigode tu viu rapa o miro se passando por policial da lei kkkkk.

—kkkkk esse Miro é um ator bandido, tá se perdendo devia tá na T.V.

Deixar de sacanagem mineiro esse negocio é pra mariquinhas meu lance e meter bala nos assaltos, silêncio o chefe tá chamando pelo radio.

—atento Miro.

—pode falar Gordo tou na escuta.

—100 por cento o assaltos tamo saindo

Sim copiei a mensagem agente tá partindo tudo saiu sobre controle aqui chefe.

—beleza então.

—logo tamo com vocês gordo.

—cambio desligo.

—vamos embora pessoal nossa parte já fizemos.

A quadrilha partiu unida da pequena cidade de Alcântara do Vale, o assalto foi um sucesso agora tinham que pegar a estrada direta pro Rio de Janeiro.

—e aí Gordo como foi lá no banco?

—nem te conto Mineiro a Verônica entrou na agência dando rajadas de balas pra cima seguranças ficaram com no chão com medo, depois ela pegou o gerente e meteu as uzis na cabeça do cara, dizendo abre logo isso aí seu Mané, tu vai morre cara, o cara se pelava de medo da mulher.

Risos.

—gostou né Gordo do meu trabalho?

— sim minha querida Verônica

—deixar de papo que ainda temos que chegar bem no Rio tá ligado.

— verônica você mostrou que é do conceito mesmo.

—valeu Pablo.

—e como foi na delegacia pessoal?

—rapa o Miro se fez passar por policial e prendeu o medico da cidade o cara chegou lá botando banca, aí ele disse o senhor quer conhecer nossas instalações cara esculachou ele, puxou a pistola e meteu na cara do Mané recolheu o cara pra fazer companhia pros policiais.

—kkkkkkk.

Vocês não prestam mesmo prender os policiais é o medico da cidade só faltou o prefeito corrupto.

—gargalhadas.

—vai ser agora Careca, vamos agir.

—beleza Cuca, quer terminar logo e saber como os outros parceiros se saíram no assalto.

Com o letal veneno cianureto em mãos, cuca vestido de médico estava preste a terminar a missão de eliminar o senador pelicano.

— ficar de olho, já venho.

—você já conferiu sua pistola? E o tal veneno?

—sim ela tá aqui carregada, o veneno tá seguro, fica antenado pra ver senão pinta sujeita.

— boa sorte parceiro na missão, é nós do movimento

— pode crer.

Cuca entra pela recepção do hospital sem ninguém perceber que aquele falso médico era um assassino calculoso, frio e cruel. Vai em direção ao quarto que estava o senador Pelicano, cujo único obstáculo era um segurança na porta, quando ele chegou na porta.

—olá boa noite sou o médico que vim fazer os exames no paciente, licença, por favor.

—boa noite doutor o senhor pode entrar, se precisar de alguma coisa me chamar, eu chamo a enfermeira pro senhor.

— obrigado.

Ele se aproximar do leito do senador ainda adormecido, fraco e doente, tirou do estojo o veneno letal cianureto que estava em um frasco, puxou o líquido com uma seringa é aplicou direto no soro do senador, uma morte rápida em segundos, quando ele agonizava cuca aproximou-se dele e disse:

—lembranças do Machado Vingador senador, ninguém trai a Facção Carioca e sai sem receber o castigo que merece bye pássaro.

Ele saiu do hospital em silêncio sem ninguém perceber voltou ao estacionamento que estava seu comparsa Careca esperando para fuga.

—e aí parceiro fez o serviço?

Deixar de papo e liga logo esse carro vamos cair fora daqui, rápido Careca.

—é nós irmão, limpeza rapa tu é o melhor pra fazer o serviço.

—ele tá morto Careca foi rápido entrei lá e apliquei o veneno no soro dele.

—rapa então o cara passou dessa pra pior.

—sim esse já era, vou ligar pro Sacola.

—liga logo que patrão vai gostar da noticia.

—alô Sacola.

—pode falar Cuca fez o serviço?

—sim tudo certo parceiro o pássaro vou pra bem longe patrão.

—risos.

—tamo voltando pro Turano.

—beleza.

—Cuca eu vi uma enfermeira muito gostosa lá no hospital rapa morenão, com os peitão quase fui atrás dela.

—risos.

—vamos ter tempo pra isso, quando agente chegar no turano tem umas mulherada esperando por lá.

—é sim rapa tou precisando de umas mulheres pra me aliviar.

—risos.

—pode crer.

—alô Machador Vingador.

—o serviço tá feito?

—sim senhor o senador já era.

—perfeito quando precisar de algo eu ligo pra vocês.

—sim senhor.

—falando em apelido por que chamam você de Rato da Noite?

Dedé eu sou paulista mano puxei dois anos no Carandiru por assalto, foi lá que os companheiros de cela me colocaram esse apelido, não sei por quê.

—risos

—chegamos ao Rio pessoal, pra onde vocês vão?

— nós vamos pra zona leste a nossa base Pablo.

—nós vamos pro Turano Verônica, você quer ir com a gente conhecer o Turano?

—o que tem de bom lá no morro Pablo?

—tem o pessoal do movimento são gente fina a comunidade é tranquila, você pode ficar por lá uns tempos o sacola vai gostar de ter você por lá alias todos vocês. Se quiserem ir vamos todos.

—se a verônica quiser ir, podemos ir queridas, nós vamos voltar pra base.

—pessoal vou dar uma volta pelo Turano com os amigos, qualquer coisa me liga Miro pra saber se tem alguma outra missão.

—beleza Verônica.

Plantão do Jornal Sociedade Alerta informa nessa manhã de sábado faleceu o senador Ciro Pelicano, influente politico brasileiro ligado ao governo, com uma brilhante carreira de mais de 30 anos de política no Brasil, seu estado clinico era delicado já que estava internado a mais de 20 dias em uma U.T. I de um hospital, segundo os médicos a sua morte foi devido ao um forte ataque cardíaco.

—viu só patrão que boa noticia mais um politico safado morreu.

—é mesmo De Menor pensou que ia se da bem roubando a "F.C" O Machado Vingador não perdoa traição, esse Pelicano já lavou muito grana pra Facção Carioca era ele que o responsável por tudo. O cara viu muito dinheiro das drogas, armas e roubos, fora a grana da corrupção política que ele tinha.

—patrão será se existe algum politico honesto?

—kkkkkk.

—De Menor você acredita em Papai Noel?

—kkkk nunca.

—patrão soldado da contenção tá avisando pelo radio que Cuca e o Careca acabaram de chegar.

—beleza tão de volta salvo pra nosso território, só falta Dedé e o Pablo.

—o Dedé e o Pablo também acabaram de chegar.

—é nos menor a família tá reunida de novo.

— soldado tá falando que vem com eles uma mulher loira.

—mulher loira quem é moleque?

—sei não patrão.

A convite do Pablo verônica uzi concordou em conhecer o morro do Turano, aquela linda mulher chamou a atenção quando entrou na comunidade, todos olhares estavam em

A MILÍCIA EXPULSAR OS TRAFICANTES DO MORRO DO CHAPÉU

sua direção, agora ela fazia parte do movimento, do primeiro dia que Pablo a conheceu já tinha despertado dentro de si uma paixão, como poderia viver um amor no meio dos tiros, tráfico de drogas e assaltos, ela já sabia conviver com isso o seu finado marido era um assaltante perigoso morto pela polícia, será se o caminho vai ser o mesmo ao lado do Pablo soldado fiel do poderoso sacola.

Na delegacia do Polícia Federal delegado Campos acerta os detalhes com agente Miguel de mais uma investida contra o crime organizado, a Operação Colômbia estava chegando ao seu ápice, eficiente e rápida as apreensões estavam aumentando e o cerco aos criminosos tinha se intensificado com a ajuda das policias brasileiras e as forças armadas, o país estava passando pela uma guerra contra a criminalidade brasileira. As principais bases das quadrilhas tinham sido descobertas, invadidas, membros da "F.C" presos e armas e drogas apreendidas, agora o foco maior da operação estava direcionado a prender os lideres da organização criminosa entre eles o principal, o líder cicatriz e seus comandados Gordo e Cara-de-Lata. Não ia ser fácil prender lós já que estavam em território colombiano protegidos pelos guerrilheiros das as Farc e E.L.N, agora entrava em cena o governo colombiano com o governo brasileiro e o americano, trabalhando unidos nessa operação, os militares colombianos conheciam muito bem a região, as bases das guerrilhas eram bem guardadas e protegidas.

As Farc e a E.L.N estavam unidas pra derrubar o governo colombiano, dividir o país em dois. Seus principais lideres "Emiliano Terra" das as Farc e "Salvador Cortez "da E.L.N tinham interesses iguais, o lema de seus discursos era libertar a pátria mãe Colômbia do domínio dos americanos capitalistas e fundar uma nova nação governada pela guerrilha com o povo no poder.

Depois do assalto a agência de Alcântara do Vale, a polícia descobriu a base da quadrilha onde estava escondido Miro, Mineiro e Bigode e Rato da Noite, mas uma vez gordo e Verônica escaparam da morte senão fosse o convite do Pablo essa hora ela já era, quando os policiais invadiram Gordo já tinha ido embora, na troca de tiros eles se deram mal reagiram e foram todos mortos.

—olhar só quem vem nos visitar a famosa Verônica uzi pessoal

—olá sacola tudo bem?

—tudo bem querida, seja bem vinda ao Turano você é minha hóspede pode ficar quanto tempo que quiser, vai gostar do Turano a comunidade é legal tranquila, de vez em quando a geral do movimento faz uma festinha.

—beleza sacola obrigado.

—vou bater a letra pra geral respeito com a moça, se algo acontecer com ela vão se vê comigo. Eu me lembro de seu marido o cara era gente boa, era da pesada mesmo.

—obrigado por tudo sacola.

—Pablo leva ela pra aquela nossa casa que usamos pros amigos do movimento, tem todo o conforto pra você

—sim patrão.

—patrão, patrão.

—que foi careca que cara é essa de assustado rapa?

—tá dando na T.V sobre o assalto.

Jornal Sociedade Alerta um compromisso com a população, nesta manhã a polícia invadiu o esconderijo dos supostos bandidos que assaltaram a agência da cidade de Alcântara do Vale, na troca de tiros com a polícia três bandidos morreram.

—delegado a polícia tem pistas dos outros bandidos que participaram do assalto? A polícia recuperou o dinheiro do assalto?

A polícia trabalhou rápida e descobriu onde esses bandidos estavam escondidos, invadimos e fomos recebidos a balas, tivemos que reagir e infelizmente eles foram mortos, os outros que participaram do assalto é questão de tempo para serem presos, enquanto ao dinheiro uma parte foi recuperada.

—caramba meu irmão nossos parceiros morreram, eu escapei dessa graças a você Pablo te devo minha vida se eu tivesse lá com certeza morreria, eu jamais iria me entregar pra ser presa pelos canas, eu prefiro morrer do que ser presa, foi Deus Pablo que fez você me convidar pra cá.

—calma verônica aqui no Turano nós estamos seguros.

—rapa cuca os samangos fuzilaram os amigos da F.C.

—foi mesmo sacola, a Verônica e o Gordo escapou.

—os caras eram boa gente patrão: Miro Bigode, Mineiro e o Rato da Noite bandidos do conceito fizeram tudo certo no assalto.

—eu sei Dedé, mas os canas são assim mesmo quando agem é pra matar os amigos, com certeza eles morreram lutando com as armas nas mãos.

Agora quanto a você Verônica é melhor ficar aqui dando um tempo até a poeira baixar.

—beleza sacola obrigado.

—eu ainda chamei pra vim com a Verônica, mas eles não quiseram.

Não esquenta a cabeça rapa os amigos morreram honrando a F.C com os fuzis na mão, bola pra sempre vamos sempre lembrar eles vivos.

—o Sacola tem razão.

—vamos tomar nosso café, De Menor traz um café file pra mim.

— beleza patrão tá saindo um no jeito que minha mãe me ensinou.

—agora sim doutor eu senti firmeza na Operação Colômbia.

—viu só agente Souza a Polícia Federal sabia onde era a base dos criminosos passou pra gente a informação e foi tudo certo, agimos rápido, invadimos e matamos os bandidos, mas não queria que eles morressem.

—mas como não delegado coelho? Os caras reagiram à bala nosso cerco.

— sim eu sei mais pelo menos se um sobrevivesse poderia dar o paradeiro dos outros bandidos.

—acho difícil doutor algum desses vagabundos abrirem o bico.

—pois é Souza, dessa vez eles se deram mal a polícia fez o que deveria fazer.

—pra mim doutor bandido bom é bandido morto.

—você viu as armas que os elementos portavam? Só fuzis de grosso calibre de última geração.

—doutor como sempre digo, os bandidos não estão pra brincadeira.

— agora faltou muito dinheiro do assalto.

—com certeza aquela parte que recuperamos era a parte deles, por isso era mínima.

—a maior parte doutor deve ficada com o Gordo, ele deve ter atravessado pro Paraguai ou está em algum lugar escondido como rato.

—e também teve a participação de uma mulher.

—pode ser aquela mulher daquele bandido que nós matamos o tal de Tijolão.

—há me lembro dele, era um perigoso assaltante de banco dos anos 80.

—quem é a mulher dele?

—me deixar ver se eu acho a ficha dela aqui doutor, aqui achei nome: Verônica Sabrina, conhecida por Verônica uzi, ela costuma assaltar usando duas uzis.

—essa mulher deve ser barra pesada?

—sim delegado, ela e o gordo tiveram sorte de ter saído antes de a polícia chegar.

—agente Souza tem que ir ate a Polícia Federal, colher mais informações sobre o andamento da Operação Colômbia.

—sim senhor delegado, acho que esse ano a policia vai colocar a mão no bandido mais procurado do Brasil, e acabamos de vez com esse crime organizado no Brasil.

—esperamos que sim Souza, temos que ainda muito que fazer, o trabalho da polícia apenas está começando, agora por que não tinham feito isso antes, o papel das forças armadas é fundamental pra segurança nacional Souza. Por que o país só usa esse poderio das forças armadas quando vem o papa ou um presidente de outro país será se essas pessoas são mais importantes que o povo brasileiro, fazem todo o aparato de segurança quando eles vem pra cá, eu não acho que eles são mais importantes que o povo, tráfico de drogas, de armas, assaltos, crimes contra a vida das pessoas de bem desse país isso sim e prioridade, não vai adiantar prender, desmontar todos as quadrilhas do brasil pois nós sabemos que essa corrupção vem de cima pra baixo esses traficantes dos morros são peixes pequenos, os grandes responsáveis são pessoas como aquele deputado que foi morto e muitos outros políticos envolvido com o esquema, a polícia federal sabe de quase tudo, ela tem um bom serviço de espionagem, inteligência, é eficiente no que faz, diferente das nossas corporações que tão quase todas contaminadas, você sabe do que estou falando?

—sim doutor eu sei muito bem, muitos policiais hoje em dia dão a vida pelo seu trabalho, muitos já se perderam no mundo da corrupção, da grana fácil no bolso. Mas tem os que honram a polícia.

—claro que sim Souza, nós somos o exemplo disso.

Esse país deveria ser menos burocráticos processos ficam anos parado até prescrever, aí vagabundo sai livre como se não tivesse feito nada, isso que me revolta essas leis bonitas na teoria, mas na pratica são uma merda, bandido pra mim é bandido, independente de ter dinheiro ou não, você já viu em um presidio um preso rico?

e mesmo delegado Coelho, nunca vi acho que quando inventaram a prisão, foi pros pobres.

—risos.

—você dar risadas Souza, mas isso é verdade, uma vez fomos a uma diligência prender um traficante Zinho de merda, quando demos voz de prisão para o vagabundo ela dizia não me toque que me pai é influente, meti os pares de algemas e joguei o pilantra do camburão, pode ser quem for se tá errado tem que pagar perante a lei. Por isso que te falo nós vamos tomar os morros cariocas, mas não vai adiantar nada se o poder público não pavimentar as favelas, quando eu era pequeno morava perto de uma favela, você acredita que uma vez entrei lá fiquei triste de ver tanta miséria, as crianças sem nada, brincando perto de poças de lama, você sabia que quase todas as favelas não tem nada, esgoto em geral, escolas, unidade de saúde. Qual o futuro desses meninos? É ser bandido do movimento, não vai adiantar nada se tomarmos os morros sem fazer nada por essa população, vai ser como dar socos em ponta de faca.

—nosso doutor o senhor tem uma visão muito profunda desses problemas sociais

—sim agente Souza minha mãe é socióloga, conversava com os filhos sobre o assunto.

—tá explicado então, e o senhor virou policial.

—claro queria ser como meu pai, estudei direito e depois fiz prova da polícia.

—e seu pai trabalhou mesmo na época do regime militar?

— sim meu pai era advogado, no segundo ano da faculdade direito ele foi servi ao exército como oficial da reserva depois deu baixa e entrou pra polícia, o velho era bom no que fazia, sempre disse pra gente que nunca torturou ninguém, porém ele viu muitas coisas, ele dizia que os militares não brincavam em serviço, aquela época existia mesmo ordem e progresso. Os governos militares tiveram seus pontos positivos, não tinha essa corrupção que tem hoje, pra mim Souza esse palavra democracia é demo de demônio um monstro, democracia fala sério.

—doutor quando nós vamos à Polícia Federal.

—amanhã Souza quer saber mais informações sobre o andamento da Operação Colômbia.

—verônica essa é a casa que você vai ficar morando.

—por que você tá fazendo tudo isso por mim Pablo?

—eu gosto de você estar aqui.

—é só isso mesmo cara

— vamos entrar pra você ver onde vai ficar.

—você não quer me falar mais nada Pablo?

—depois conversamos vamos ver a vista da janela da casa, da pra ver todo o Turano e uma parte do mar.

—Pablo até agora não acredito que o pessoal está morto.

—mas eles estão.

—eu sei disso mais foi tudo rápido, será se eles foram mortos reagindo?

—não sei Verônica, os canas não tão pra conversa a ordem da polícia e pra matar os assaltantes da "F.C", esse negócio de se render não existi pra eles, se você baixar a arma eles te matam e dizem que você reagiu.

—mas importante que você tá viva, eu protejo você querida.

—risos.

—você tem cuidado bem de mim, por que tá fazendo isso?

—você que eu fale a verdade?

—sim pode falar logo.

—o primeiro dia que vi você pela primeira vez, senti algo diferente em mim.

—tipo o que?

Não sei, porém no começo senti atração por você, pensei que fosse passar que o que eu sentia era só atração física por ser bonita, mas depois percebi que era muito maior.

—é uma paixão Pablo?

Sim querida pronto eu falei, por isso que fiquei com medo de você ir ao assalto e acontecer algo de ruim com você.

— minha vida sempre foi ruim.

—não fala isso Verônica, você é bonita jovem pode ser feliz.

—não sei Pablo desde que perdi meu marido nunca conseguir amar ninguém.

— a vida continua nunca uma pessoa vai ser feliz senão tentar.

—é verdade Pablo, você vai ter paciência comigo.

—logico querida por você tudo faço.

—mais uma vez obrigado Pablo, mas não entendo uma coisa.

—o que?

—você é aquele outro o Cuca, são mais instruídos que o restante do pessoal do movimento.

—sim querida eu nem sempre fui traficante, eu estudei terminei o segundo grau e depois servi o Exército, depois que sai comecei a trabalhar em uma fabrica de pneus, mais depois de um tempo fiquei desempregado, foi ai que em um baile na favela conheci o pessoal do movimento, nessa época o Sacola ainda era gerente conheci ele através de um amigo que frequentava a comunidade, ele me perguntou se eu sabia meche em armas eu disse que sim que tinha sido militar, nos primeiros dias comecei a fazer manutenção nas armas, quando percebi que já fazia parte do movimento, minha família é do Rio mas depois se mudaram pra minas quando posso ligo pra eles, sinto falta da minha família, da liberdade de andar livremente sem tá olhando pros lados, pra ver senão vem a polícia ou um inimigo de outra facção. ele sempre confiou em mim, agora o cuca era filho adotado de uma família de classe media ele é muito inteligente, eu me lembro quando ele chegou todo o pessoal do movimento virava a cara por ele ser riquinho isso que eles falavam, Sacola foi o único que

A aliança entre Pepeu do Pó e Sacola, e a tomada do morro do Chapéu

não descriminou o fato do cuca ser de família rica, você sabia que ele que o assassino do movimento?

—sim tinha ouvido falar dele tão novo e com tantos homicídios nas costas

—dizem que são muitos crimes, mas tenho minhas dúvidas se são tantos assim, o Sacola o manda fazer ele cumpri a missão, porem ele não toca muito nesse assunto com a gente. E você Verônica uzi, quer falar sobre sua vida? Seu passado, presente e o que espera do futuro, todos os sonhos, alegrias, tristezas.

—minha vida sempre foi cheia de perigo Pablo, desde meus 17 anos quando conheci meu marido o "Max "conhecido como Tijolão no mundo do crime, quando conheci o Max ele não tinha nenhum tipo de envolvimento com crime, depois de um tempo conheceu um pessoal que costumavam roubar postos de gasolinas, lojas de joias, casa de pessoas ricas, era o chamado crime rápido como ele definiam, estudavam o local e depois agiam rapidamente, em questão de minutos faziam o serviço e sumiam com a grana, aí teve um dia que a polícia prendeu parte da quadrilha incluindo ele, a noticia saiu no jornal e meus pais viram a foto dele, o mundo caiu sobre minha cabeça, eu não sabia disso, nunca suspeitei que ele fazia isso, meus pais me proibiram de namorar com ele, mas mesmo assim eu continuei por que eu amava muito, minha intenção era ficar perto dele pra tirar ele dessa vida de crime. Fiz de tudo, conversei, aconselhei, fiz ameaças de deixar ele pra sempre, porém não conseguir, uma noite parou em um posto de gasolina pra abastecer ele foi comprar cigarros ao lado da loja de conveniência, depois de uns segundo me chamou pra dentro da loja e disse não vai se assustar com que eu vou fazer agora, sacou a pistola e render as pessoas da loja, é um assalto, me assustei naquele momento, ele me deu a pistola e disse aponta pra cima deles se reagiram atira meu amor, cara fiquei tremendo, limpou o caixa e fugimos, daí em diante comecei a me envolver nos assaltos, como te falei Pablo era tudo planejado tinha um olheiro que estudava a área e passava a informação pros comparsas agirem.

— e como foi que ele morreu Verônica?

—foi num assalto a banco, eu estava sentindo que algo iria dar errado, pressentimento, falei pra ele não ir, não vai Max isso vai dar errado, não quis me ouvir, falou pra mim que logo voltaria com um presente, antes de ele sair disse as últimas palavras: Verônica eu te amo, nunca vou deixar de te amar, você é meu amor eterno, vamos largar essa vida bandida e vamos fugir com o dinheiro que temos. Esse vai ser o último certo, e me deu o último beijo e nunca mais ele voltou os comparsas que sobreviveram disseram que na fuga deram de frente com os canas da civil, na troca de tiro dos seis assaltantes quatro morreram, o Max foi um deles. Um tiro de fuzil no peito.

Daí por diante continuei minha vida bandida, já tinha conhecido o Cicatriz que me deu toda a ajuda, me convidou pra entrar pra "F.C" e agora estou aqui no Turano com os amigos do movimento.

—pode crer Verinha você tá em casa, as pessoas pensam que nós não temos coração, bandido rir, chora, fica triste, somos de carne e osso ninguém escolheu essa vida, foi o acaso todos temos uma história de vida pra contar, todos os dias eu peço a Deus pra não morrer já enfrentei muita bala nessa vida, troca de tiros com os samangos, contra os alemão dos outros morros, mas eu sei senão parar vou morrer, tenho medo de morrer tou nessa vida uns 7 anos, tenho 28 anos e acho que tenho que sair vivo dessa enquanto há tempo.

—eu também Pablo já cansei de tudo isso.

—cntão Verônica agente pode juntos pensar nisso, você não tá aqui atoa no meu lado, tudo tem solução.

—é mesmo cara.

—agora não podemos tocar nesse assunto com a geral do movimento senão vai dizer que tou fraquejando.

— eu sei como é o lema, bandido do movimento morre com o fuzil atirando.

—mas não se preocupa que vou dar um jeito, enquanto isso você ficar aqui que protejo você minha querida.

—será mesmo que é só isso?

—risos

—tem alguém batendo na porta Pablo.

—quem é?

—é o De Menor Pablo.

—qualé moleque que tá pegando?

—patrão tá chamando vocês pra almoçar um churrasco e tomar um Chopp pra comemorar o sucesso das missões.

—pode crer De Menor vamos nessa não é Verônica?

Sim com certeza Pablo eu quero ver a comunidade que você falou que tem festa direto.

Você não vai se arrepender Verônica aqui sabemos nos divertir, certo De Menor?

—sim rapa vocês tão é perdendo tempo aqui, eu já vou pra lá minha barriga tá roncando.
Risos.

O clima de romance bandido entre os dois começou a esquentar, Pablo estava completamente envolvido com Verônica, em meios a tiros, vendas de drogas e mortes, o amor pode mudar as pessoas?

Tranquilidade no morro do chapéu depois que a facção do Pepeu do pó botou pra correr Sacola e seu bando, Pepeu tinha outros planos, depois do confronto com sacola ele sentiu a fraqueza da facção rival, e começou a pensar em atacar o Turano pra tomar o poder.

—chaga aí Navalhada eu quero bater umas ideias da minha cachola.

—pode falar patrão, a ideia e boa com certeza.

Sim navalhada é boa e arriscada, vamos aproveitar que nossa facção tá em alta e com confiança, armamentos pesados, invadir o Turano, tomar o poder do maldito Sacola, agente tava na nossa ele que começou a guerra agora vamos dar o troco.

— é mesmo patrão o canalha tá merecendo, teve a cara de pau de invadir nossa área, agora é nossa vez.

— temos os soldados responsa aqui que podem abrir caminho pra nós, tá ligado.

—e também patrão tem esses brinquedos que compramos do Rambo essas antiaéreas que botaram alemão pra vazar do chapéu.

—risos

—Pepeu quando vamos invadir?

—essa semana de surpresa.

—pode crer chefe vou reunir os soldados e adiantar o assunto.

—sim faz isso meu caro diz pra eles se conseguirem tomar o poder dobro o salário.

—risos, assim até eu vou à frente Pepeu pra abrir caminho.

Agora Sacola vai sentir na pele como e ser invadido, eles tão tranquilo pensando que Pepeu do pó deu uma trégua, quando menos se espera, o perigo vem de todos os lados. Essa facção do Pepeu é sangue quente com bandidos perigosos que dão a vida por dinheiros, são os mercenários do pó.

Depois de uns dias na capital colombiana cicatriz chegou ao acampamento das guerrilhas. As forças guerrilheiras surgiram na década de 60, um grupo de camponeses influenciados pela revolução cubana criaram o Exército popular como era conhecido as "Farc", Forças Armadas Revolucionarias da Colômbia e a "E.L.N", Exército de Libertação Nacional, a intenção da guerrilha era criar um estado Marxista dentro da América do Sul, nos anos 80 a guerrilha ganha um aliado poderoso e perigoso pro mundo o "tráfico de drogas". Recebiam proteção em troca financiam a guerrilha. Sequestros, assassinatos, atentados contra o governo, os futuros recrutas possuíam idades entre 10 a 18 anos, eram tirados de suas famílias e se embrenhavam na selva, separados do mundo exterior, perdiam as suas identidades passavam a adotar nomes de guerra.

—olá comandante "Emiliano Terra" como vai o líder maior das Farc?

— muito feliz em velo Cicatriz, estávamos neste momento falando em você temos muitos negócios ainda por fazer.

— com certeza comandante o carregamento de drogas tem que negociar com Cali, o Brasil tem sofrido com os ataques da Polícia Federal brasileira.

Não se preocupe homem alguma vez as Farc deixaram a "F.C", como vocês dizem na mão?

—não jamais comandante Emiliano.

—então vamos relaxar e fumar um gostoso charuto cubano.

—opa do original da terra do nosso ilustre Fidel.

—sim homem esses charutos são os melhores do mundo, agora podemos falar de negócios.

—essa é a melhor parte comandante, quando vamos entrar em contato com cartel de Cali, ou Medellín.

Hoje mesmo se você quiser Cicatriz, só você falar quantas toneladas quer levar pro brasil.

—agora sim sentir firmeza na revolução

—que você tem pra gente, pra nossa guerrilha?

—um presentinho meu comandante, olhar essas verdinhas.

— risos, mesmo são cheirosas e valiosas, vai ajudar muito a revolução.

—sempre gostamos de fazer negócios com o amigo brasileiro.

—eu digo o mesmo amigo Emiliano, quando a guerrilha vai tomar o poder comandante?

—estamos próximo disso meu caro amigo, as Farc e a E.L.N juntas seremos as mãos do povo colombiano a maior revolta popular do mundo, vamos dar um golpe de estado e dividir nossa pátria em duas, governando com interesses popular, livraremos nossa pátria mãe Colômbia das mãos dos inimigos o governo do presidente capitalista que se vendeu aos americanos, liberdade ao povo colombiano, liberdade a guerrilha, viva os filhos da revolução, viva Fidel, viva Che Guevara. Você vai está com agente nessa ofensiva meu amigo cicatriz?

—com certeza comandante, se a guerrilha tomar o poder vai ser bom pras facções brasileiras, o nosso comercio vai aumentar e todos sairão lucrando com a nossa revolução.

—sim Cicatriz, estamos começando uma nossa era de esperança e conquista pra nosso povo, sairemos da selva e habitaremos o palácio do governo empunhando a bandeira vermelha da guerrilha, o tempo passa, as pessoas morrem, mas a guerra nunca acabar.

tamo reunido aqui pra comemorar o sucesso das missões, antes um minuto de silêncio em homenagem aos amigos mortos da F.C, nunca vamos esquecer deles morreram lutando contra os samangos :Miro, Mineiro e Rato da Noite eram responsa do crime organizado. Agora sim vamos comer o churrasco com feijoada pessoal, e depois tem um Chopp pra acompanhar.

—esse é o nosso patrão sacola sempre fazendo a geral feliz.

—risos, valeu Careca, pode encher a pança parceiro.

—kkkkk, eu vou fazer isso agora chefe.

—e nossa amiga tá gostando da comunidade?

—sim sacola o Turano é tudo de bom, apesar das dificuldades vejo nos rostos das pessoas da comunidade a felicidade.

—com certeza essa comunidade é minha família, faço tudo por eles, cresci aqui e vou morrer aqui. Quando eu era moleque costumava brincar perto das montanhas, lembrar-se disso Dedé?

—bons tempos não era Sacola, uma vez você foi pular de uma árvore caiu e quebrou o braço lembra-se disso também.

—foi mesmo Dedé, rapa ficou em desespero quando vi meu braço torto.

—aí chegou à dona Joana e levou você ao hospital.

Sim foi mesmo, gostava muito daquela velhinha, na mesma hora ela me socorreu, foi à única vez que eu chorei.

—gargalhadas.

tou brincando pessoal, e normal pra molecada se quebrar brincando, e você Dedé que adorava roubar frutas do quintal do seu Norberto.

—risos, era mesmo sacola e tu lembrar quando o velho chegou e deu uma carreira em nós kkkk?

—sim agente não parava de correr com medo de o velho pegar nós kkkkk.

—poxa pessoal essas lembranças da nossa infância traz saudades, bons tempos que nunca, mas vão voltar.

—e como foi pra vocês entrarem pro movimento Sacola?

Verônica eu comecei a faltar na escola, depois a usar drogas, nessa época tinha um pessoal da velha guarda do movimento do tráfico de drogas, rapaziada não era como nós somos hoje, da pesada, usavam mais 38 algumas pistolas, mais perto do que agente tem, era poderio pequeno, provei o maldito pó e foi uma desgraça, me viciei e como era moleque não tinha grana pra comprar o bagulho desci o asfalto e comecei a roubar pra comprar mais cocaína, claro que jamais eu roubaria na comunidade por que a lei do movimento sempre foi: ninguém roubar na comunidade quem roubar morre.

—então essa lei é antiga patrão?

—sim De Menor não fui eu quem fez ela, desde que começou a tráfico de drogas nas comunidades a bandidagem impôs a lei, vagabundo roubou tá morto. A única que eu criei entre os amigos do movimento foi a que ninguém pode usar drogas, o viciado não vai saber defender o nosso território, viciado pra nós só que vem comprar o nosso bagulho, a única coisa que eu permito e fumar um baseado, e tomar umas cervejas nas nossas festas pra aliar o estresse dos soldados. Mas geral vacilou comigo dança. Ainda bem que nenhum dos meus soldados da elite usa nenhum bagulho: Cuca, Pablo, Careca, Dedé é Menor, você fumar ou cheira Verônica?

—nada Sacola meu lance e só umas cervejas mesmo.

—então vamos deixar papo e escuta o samba de raiz, pessoal geral quer ouvir o velho malandro nosso querido Bezerra da Silva, som na caixa.

—falei pra você Verônica que nossa comunidade sabe fazer uma festa, muito coisa boa olhar só esse choppzão gelado esse é meu cadê o seu?

—pensar que fico atrás de você, olha o meu aqui, mas gostoso.

—me deixar provar, sai pra lá Pablo vai tomar o teu ora bolas.

— risos.

—vamos comer essa picanha que tá no jeito pra agente devora, rapa nunca mais tinha me divertido assim, as coisas melhoraram pra mim com você aqui.

tá de brincadeira Pablo, aposto que vocês do movimentos tão cheio de mulher.

—antes era sim eu tinha muito.

—safado, homem é tudo igual, não pode ver uma fêmea que dar logo em cima.

—calma me deixar falar.

—risos, você tá é porre quantas já tomou?

—algumas mais tou consciente olhar só faço um quatro.

—kkkkk tá quase caindo.

—é sério agora vou falar pra você, antes eu ficava pegando todas as mulherada, mais nenhuma jamais, tà ouvindo que tou falando, jamais vai chegar aos seus pés, ninguém me interessa, só você Verônica. tá vendo tomei todos pra criar coragem pra abrir meu coração e falar que sinto por essa garota ela fica só me olhando e balançando a cabeça.

—kkkkk valeu você é uma figura mesmo Pablo.

—escuta que tou falando não tou porre, vou tirar você daqui e vamos fugir pra um lugar bem bonito, morar perto de cachoeira, ouvir o canto dos pássaros.

— risos.

—onde é esse paraíso Pablo?

— logo você vai saber tá ligado.

—pode crer Pablo Escobar.

—ei Escobar não, esse morreu eu tou vivo.

—você é muito divertido quando tá porre.

—é você que me faz ficar assim.

—tá bom então, tou fazendo um bem pra você.

—ei vocês dois não vão dançar um sambão do mestre bezerra?

—esse é meu parceiro Cuca Verônica amo esse cara.

—gargalhadas, o Pablo tomou todas.

—toma aí comigo Cuca hoje é um dia especial pro movimento.

—já vamos lá Cuca.

—o patrão tá chamando vocês.

—meu amigo Cicatriz como você vai transportar esse carregamento de drogas?

—vou dividir comandante Emiliano uma parte pelo ar e a outra cuidadosamente pelo mar, algumas vou transportar pelos rios da Amazônia, por ele ser muito grande fica mais difícil os federais apreenderem, tenho uma estratégia que bolei, eu vou deixar esses pegaram uma pequena quantidade, enquanto eles tão distraídos nós passamos com a maior parte da droga, o senhor tá sabendo que os federais tão apertando o cerco?

—sim você me falou que apreenderam muitas toneladas esse ano, mas com essa sua ideia eles vão passar batidos. Entregar um bode expiatório, vão ser bem enganados pelo senhor.

—obrigado comandante, e por onde anda nosso ilustre comandante "Salvador Cortez".

—Cortez está no outro acampamento aqui próximo uns 20 k pela selva adentro, em treinamentos com os guerrilheiros pra nossa ação guerrilheira.

—e ele continua o mesmo Marxista de sempre, e com ideias do eterno revolucionário Ernesto Che Guevara?

— sim meu amigo Cicatriz, Cortez é o intelectual com ideias acima de nosso tempo, estudioso professor da universidade da Colômbia, largou tudo e veio apoiar a "E.L.N" unindo forças com as "Farc", depois que o último líder da E.L.N morreu em um bombardeio americano "Salvador Cortez" assumiu o posto mais alto da E.L.N, comandante salvador Cortez.

—comandante qual foram os avanços da guerrilha contra o governo?

—andamos muito essas últimas décadas, a guerrilha sequestrou muitas pessoas importantes, políticos, empresários, lideres do governo, lideres religiosos, conseguimos um bom dinheiro por alguns resgates e também trocamos alguns políticos por alguns membros da guerrilha presos pelo governo.

—muito bom comandante e assim que temos que ser, no meu país deveria ter uma guerrilha forte como a colombiana, o que temos lá são as facções criminosas, mas elas não agem com princípios políticos, único que começou com a ideologia vermelha, foi o Comando Vermelho ele foi fundados pelos por alguns presos políticos junto com alguns presos comuns eu me lembro de tudo presenciei sua criação com tempo sua ideologia mudou e passou a ser considerada ação criminosa, é o caso da nossa "F.C" cujo líder maior sou eu.

—sim meu caro amigo, você é o melhor que conhecemos sabe negociar com a guerrilha, confiamos no senhor.

—obrigado comandante.

Com o apoio da guerrilha os carteis de drogas colombianos mostraram as suas garras contra a população mais humilde, centenas de pessoas tinham suas casas invadidas e também mortas pelos carteis, os pequenos agricultores eram mortos ou expulsos de suas terras, depois usavam para o plantio da maldita folha da coca, os laboratórios ficavam no meio da floresta protegida pela guerrilha e com todo o suporte para fabricação da cocaína Colômbia nessa época era a maior exportadora de drogas do mundo, os fortes carteis de Cali e Medellín eram os responsáveis pela guerrilha urbana no Brasil e outros países, os crimes a desgraça o ódio e o sangue de inocentes, a humanidade nunca mais seria a mesma com o avanço do tráfico na sociedade. Nos estados unidos o combate a essa chaga teve êxito com um intenso ataque das policias americanas e também o principal da justiça, era tolerância zero contra os traficantes, eram presos, mortos, ou condenados a morte. Enquanto no Brasil a coisa foi diferente, usaram os menos desprovidos de educação, os lugares onde o poder público sempre foi ausente criando assim um problema que acabaria com a paz de todas as classes. A falta de leis rígidas, o suporte das polícias, a fragilidade das fronteiras e a corrupção foram fatores que levaria a nossa sociedade ao caos, traficantes armados com armas de guerras em confrontos com quadrilhas rivais e também contras as policias, tinham como escudo humano a população inocente, no meio das balas perdidas inocentes eram mortos.

— como faço pra chegar até nosso amigo comandante "Salvador Cortez"?

—uns dos nossos soldados vai levar o senhor cicatriz até nosso comandante maior da "E.L.N",o acampamento e de difícil acesso você vai aguentar o terreno montanhoso, frio e perigoso?

—claro que sim meu comandante, lembra que tive meu treinamento de guerrilha com o senhor?

—há claro esqueci que você é uns dos nossos guerrilheiros brasileiros.

—risos.

—com certeza Emiliano, e quando partimos?

— pela madrugada três da manhã, leva umas folhas de coca pra você mascar que o campo é frio homem.

—pode deixar comigo comandante, quero encontrar logo nosso amigo tenho muito que falar com ele sobre a revolução e os negócios.

as três da manhã quatros batedores da guerrilhada das "Farc" acompanhavam cicatriz na viagem até o próximo acampamento da guerrilha da "E.L.N" um terreno de difícil acesso cercado de montanhas e vales, cheio de armadilhas feitas pelos guerrilheiros, buracos feitos no chão coberto por matos onde dentro tinha estacas de pau afiadas, um deslize de alguém pisar no mato já era cairia no buraco em cima das estacas afiadas, outra armadilha que também usavam era feita com cipó esticado no chão quando a pessoa arrebentava com a perna um espeto de pau acertava o peito da vítima. E o mais perigoso de todas as armadilhas, minas terrestres, depois de certa distancia os batedores começaram a andar em fila indiana, o motivo pelo qual eles andavam em fila indiana, era por que certa parte poderiam ser alvejados pelas balas dos guerrilheiros da E.L.N, os batedores das Farc poderiam ser confundidos com soldados do Exército colombiano, ou americanos caçando o acampamento da guerrilha, nessa caso teriam mais chance de sobreviver as balas, andando em fila indiana, todos os perigos cercavam viagem do Cicatriz, tudo o percurso de 20 km foi feito em 10 horas, chegando próximo de uma montanha conhecida por eles, faziam o sinal conhecido pelos guerrilheiros da "E.L.N".se aproximavam aos poucos pra fazerem o reconhecimento e depois os levaram até uma o topo de uma montanha que estava o acesso, finalmente chegaram ao seguro acampamento da "E.L.N".

— soldado do exército da libertação estamos aqui com a missão de trazer esse amigo do comandante salvador Cortez.

—sim entendo, por aqui por favor amigos das Farc, o comandante aguarda o amigo brasileiro.

— cuidado com o precipício amigo brasileiro, logo vamos chegar ao acampamento.

— tou vendo algo ali na frente.

—exato é lá nosso acampamento.

Com muito sacrifício cicatriz chegou ao seu destino final, ficou alguns segundos pensativo quando viu na sua frente o poderio bélico e humano dos guerrilheiros.

—caramba amigos tem muito soldados e armas aqui, dar pra detonar uma guerra mundial.

—quanto tempo o senhor não vem aqui?

—uns dois anos.

—durante esses tempos que o senhor ficou distante a guerrilha dobrou os números de soldados, esses armamentos são de última geração, conseguimos comprar de um traficante de armas russo.

após horas andando pela selva desviando dos perigos, os batedores e Cicatriz chegam ao acampamento da "E.L.N".

—seja bem vindo meu amigo Cicatriz.

—obrigado comandante Salvador, estou honrado de está aqui fazendo parte da revolução popular, há muito tempo que não vinha, mas nunca esqueci os amigos de verdade.

—a guerrilha que agradece sua consideração e apoio na nossa revolução, como vai o Brasil país lindo das belas paisagens, mulheres maravilhosas e o melhor futebol do mundo?

—muito bem crescendo a cada dia, claro que atrapalhar é a politica elitista corrupta, depois eles diziam que os culpados são os pobres que viram bandidos, a nossa luta e parecido com a revolução da guerrilha colombiana, só que a nossa força é o crime organizado, o problema social foi criado por eles, quem cheira não é a pobreza, então enquanto eles quiserem vou vender a cocaína, nossa facção cresceu muito esses anos comandante Salvador, temos vários políticos que elegemos e que estão em nossas mãos, algumas pessoas influentes do Brasil fazem parte da organização criminosa.

— assisti o jornal colombiano falando num politico que foi assassinado com tiro de fuzil na cabeça, foi a F.C que matou?

—sim comandante era um deputado federal Tenório Silvestre, queria assassinar uns dos nossos membros sem nos consultar.

—e também morreu um senador do seu país, vocês tiveram algo a ver com a morte dele?

Sim foi morto a pedido da "F.C" acho que já descobriram isso, mas não divulgaram na imprensa, a federal que tá investigando, esse senador era o responsável pela lavagem de dinheiro da facção criminosa deu um golpe na gente de muito dinheiro, os nossos contadores demoraram a descobrir o desvio de dinheiro.

—curiosidade minha como ele foi morto amigo Cicatriz?

—envenenado com cianureto no soro dele

— morte rápida e eficiente.

—sem duvida comandante.

— a Colômbia está entrando em uma nossa era, onde as massas vão tomar o poder e expulsar os invasores da nossa terra amada Colômbia, o grito das selvas vão ser ouvidos por tudo o mundo, nunca mais ficaremos em matas e florestas escuras, vamos tomar o que de direito do povo, a revolução já começou meu caro amigo Cicatriz e você vai fazer parte da história de nossa pátria mãe Colômbia viva a revolução, viva os heróis da resistência, a liberdade venceu a opressão, queremos um mundo, mas justo com menos fome e mais fartura na mesa.

—viva a revolução.

—comandante Salvador, como a guerrilha conseguiu recrutar tantos soldados em pouco tempo? E esse armamento de última geração?

—meu amigo Cicatriz, o serviço militar da guerrilha é obrigatório pros filhos dos camponeses, se todos desejam o melhor, temos que lutar pra conseguir a vitória, não achamos justos uns morrerem pela causa e outros não, a recompensa vai a mesma pra todos que lutarem juntos contra o governo capitalista, nosso grande herói Ernesto Che Guevara morreu mas seus ideais de liberdade estão enraizados em nossos corações, a liberdade tem um preço muito grande custa a vida dos heróis, esses nossos armamentos são russos, como você já sabe a antiga união soviética acabou, vendeu parte dessa tecnologia pra nossa causa, eles sempre foram nossos colaboradores, todos os países do mundo querem ter acesso a esse poderio bélico, agora o que manda é a força do dinheiro, vamos tomar o governo e implantar um regime de esquerda com controle da guerrilha, e com poder de decisão popular, quero dizer que alguns membros e simpatizantes da guerrilha vão representar o interesse popular, assim como em cuba todos os cidadãos da nossa nova pátria vão vigiar as pessoas que supostamente forem contra o regime popular, isso vai ser um mecanismo pra identificar os inimigos da guerrilha.

—perfeito comandante, como sempre o senhor tem o controle da situação, agora eu tenho certeza que a guerrilha cresceu com os seus pensamentos, os soldados vencem as guerras, mas os articuladores que ensinam o caminho da vitória.

—brilhantes palavras meu amigo, os soldados vencem as guerras, mas os articuladores que ensinam o caminho da vitória. Perfeito seu pensamento.

— senhor a última vez que estive aqui tinha poucas mulheres no exército da guerrilha agora tem muito mais eu me lembro de uma guerrilheira o nome dela era Dolores.

—nossa querida Dolores umas das melhores guerrilheiras, infelizmente ela morreu cm uma emboscada feita pelo exército colombiano, morreu dizendo: eu morro pra dar vida a revolução, antes de nossa Dolores morrer matou três soldados colombianos, então como falei a você essa causa são dos filhos e filhas da Colômbia.

—comandante tenho intenções de negociar armas também com a guerrilha.

— então fica a vontade pra escolher as que você queira, o amigo e eu apesar de negociantes, também somos da família.

— risos, com certeza comandante.

—você gostou da tecnologia russa meu amigo Cicatriz?

—sim amigo principalmente esse novos fuzis ar 15 com lança granada.

—sim esses são os preferidos dos soldados da guerrilha, pode mandar rajadas de balas e depois granadas de presente ao inimigo.

—estou pretendendo levar 100 toneladas de cocaína e alguns armamentos pra negociar no brasil.

—perfeito meu amigo, há falando em negociar alguns dias esteve aqui aquele vendedor de armas brasileiro, o Rambo.

—sim conheço o Rambo fazemos negócios com ele, não perdeu tempo esteve aqui primeiro que eu.

—risos.

—então ele tá com esses armamentos no mercado negro das armas.

—sim amigo Cicatriz.

—beleza uma parte eu levo a outra posso negociar com ele

—meu amigo cicatriz como está as coisas em seu país?

Não vão muito bem pros nossos negócios criminosos comandantes, os federais estão fechando o cerco em cima da facção carioca, aqueles carregamentos passados que eu encomendei da Colômbia mais da metade os malditos federais apreenderam, estamos passando por uma fase delicada na organização criminosa, pois não posso subornar alguns federas por que os corruptos foram todos afastados, como diz no Exército só Caxias agora.

Após cinco dias no acampamento da "E.L.N" Cicatriz e os batedores da as Farc retornam da missão, não sabiam que no meio do caminho bateriam de frente com o inimigo, uma patrulha do exercito colombiano estava fazendo reconhecimento no meio da selva, quando de repente os guerrilheiros são surpreendidos a rajadas de m16.

—todos em suas posições inimigas da guerrilha atirando em nossa direção, cuidado com os tiros senhor Cicatriz.

—tranquilo garoto, eu já estava aqui dando meus tiros contra o exército colombianos antes de você fazer parte da guerrilha.

—vocês vão sentir o poder da guerrilha seus malditos.

—atirem em direção as aquelas árvores alguns soldados estão camuflados, lancem as granadas.

Tiroteio no meio da selva, guerrilheiros contra o exército colombiano depois de 10 minutos de confronto os guerrilheiros sumiram no meio da floresta colombiana.

—viu só senhor Cicatriz como o aqui é barra pesada.

—é mesmo batedor, a guerrilha na selva é diferente da nossa guerrilha urbana, aqui nós temos as árvores pra se esconder lá temos as paredes dos barracos pra nos proteger.

—essa é uma patrulha de reconhecimento do exército colombiano, eles estão muito distantes dos acampamentos, vamos pegar outro caminho pra despistar eles, se prepara amigo a viagem vai ser longa.

—deixar comigo soldado, passei por coisa pior nessa vida.

Cicatriz e os batedores pegaram outras rotas na selva pra tentar despistar o patrulha colombiana, jamais um soldado da guerrilha poderia entregar a posição dos acampamentos, se isso acontecesse eles eram fuzilados pelo pelotão de fuzilamento. Finalmente conseguiram despistar a patrulha e chegaram próximo a uma linda cachoeira pra descansar.

Vamos descansar aqui uns 40 minutos, verifiquem suas armas e munições, e encham seus cantis com essa água da fonte.

Passado o susto os batedores das as Farc descansam ao lado da linda cachoeira, repondo as energias pra subirem a montanha mais alta que daria próximo ao acampamento da guerrilha.

—batedores finalmente nós estamos chegando a casa, depois desse tiroteio com o exército colombiano e a viagem longa quero tomar um bom banho e comer que estou morrendo de fome.

—de voltar meu amigo Cicatriz?

—sim comandante e também salvo graças a Deus, no caminho trocamos tiros com o exército colombiano.

—isso e normal para os guerrilheiros, o exército colombiano estão sempre querendo fechar o cerco contra nós, porem estamos esperando eles quando quiserem, nossos fuzis tem sede de sangue.

—meu comandante os negócios progrediram com nosso amigo comandante Salvador, fechamos negócios agora estou feliz em voltar pro Brasil com tudo na mão.

—viu o nosso exército de libertação, estamos muito perto da conquista os sonhos de uma nação popular livre dos domínios estrangeiros, finalmente o que pensamos pra todos acontecera.

—chefe tem uns caras estranhos nos morros vizinhos ao Chapéu olhando pra nós.

—o que você tá falando Navalhada, quem são rapa?

Não sei chefe eles ficaram olhando de longe com binóculos dos morros próximos ao chapéu.

—será se é os soldados do Sacola, ou pode ser os canas.

—olha aqui patrão pro senhor ver melhor.

—são suspeitos mesmo faz assim diz pros soldados ficam atento com qualquer movimento suspeito se pintar algo estranho pode meter bala

—sim senhor patrão.

Quem serão aqueles homens suspeitos espionando o morro do chapéu? Pepeu do pó ficou preocupado por alguns minutos, sentia que algo poderia feder para lado de sua facção.

—Navalhada os caras ainda tão lá?

—não patrão pegou fuga no meio da floresta.

—navalhada tou sentindo que algo vai feder pro nosso lado, algo forte tá por vir.

—mas o que patrão?

—sei lá, você sabe que tenho uma boa intuição pra coisas ruim.

— relaxar Pepeu tá tudo nos conformes geral responde os ataques.

Pouco se ouvia falar em milícia armada no rio de janeiro nas décadas de 80 e 90,as milícias no brasil eram formadas por policias, ex-policiais, militares, ex-militares, agentes de policias, seguranças, os milicianos começam a tomar as favelas dos traficantes cariocas e cobrar da população uma taxa de proteção e também cobrar de serviços que os moradores recebiam dentro da favela. Aqueles homens estranhos bisbilhotando o morro do chapéu eram os milicianos que estavam perto de expulsar o traficante Pepeu e seu bando da favela do chapéu.com treinamento militares os milicianos montaram uma estratégia militar pra invadir e tomar a bala o território dos traficantes. Todos os pontos das favelas tinham sido estudados pela milícia, encontraram uma entrada vulnerável pela floresta do morro que seria a sentença de morte dos traficantes.

Comandante R. Torres conseguiram subir a montanha por trás do morro do chapéu e verificamos que tem pouco segurança lá, a nossa tomada de território poderia ser por aquele caminho.

—perfeito agente miliciano, estão vamos terminar o nosso plano e começar a botas esses vagabundos pra correr do morro.

O nome dele era R. Torres foi coronel da Polícia Militar expulso por corrupção e comandar um grupo de extermínio dentro da polícia "O Abutre em Sangue". Muitos bandidos tinham suas vidas ceifadas por esse esquadrão da morte, ele foi julgado, expulso e depois condenado, agora sua milícia estava de olho na favela do chapéu.

— comandante Torres quando vamos invadir o morro?

— aqui á dois dias, vocês estudaram bem essa entrada?

—sim senhor, podemos pegar os traficantes de surpresa.

—então que seja feito logo a conquista, odeio traficante, odeio bandido, odeio viciado, corja de malditos devem morrer.

—senhor agente levantou o numero de traficantes que controlam o morro, são 250 aproximadamente, a nossa milícia tem 350 homens cem a mais que eles, se o senhor quiser posso recrutar mais mercenários.

—não Paulo o nosso contingente é bem preparado, armado até o pescoço, vai dar conta do recado, vagabundo traficante não sabe nem atirar, cada bala nossa vai ser um cadáver no chão.

—risos.

—com certeza chefe.

Dois dias depois, a invasão miliciana começar a tomar o morro.

—os homens estão prontos.

—sim senhor.

Todos já sabem nada de piedade se for traficante e pra sentar o dedo, já sabem que vai ser a entrada por trás da montanha, quem tiver com medo e quiser desistir fala agora, pode cair fora. Beleza ninguém assim que gosto, uma promessa que faço a todos aqui nesse momento especial, se eu conseguir o morro dos traficantes, nós vamos ganhar muito dinheiro trabalhando forte.

—verifiquem os fuzis, rádios e coletes pra ver se estão tudo em ordem.

Os milicianos entraram pela montanha de madrugada, quando chegou ao chapéu um silêncio.

é agora pessoal todos se espalhem e fiquem em suas posições.

—caramba Mané que são esses caras de mascaras pretas, vamos matar que são os canas, malditos acertaram minha barriga.

Olha só rapa esse vagabundo ainda tá respirando, mata logo ele miliciano, toma infeliz tiro de fuzil na cabeça agora já era.

— avancem as suas posições

—que foi isso Navalhada, alerta do fogueteiro, é invasão te falei que algo fedia pro nosso lado.

—Pepeu geral vai mete bala nos inimigos, meu fuzil ainda não matou nenhum alemão essa semana.

—vamos logo Navalhada.

—tou no seu lado patrão.

—o que tá rolando aí Jacaré?

—patrão tem uns caras de camuflado preto que tão invadindo nossa área e são muitos, tão matando todos os soldados da contenção, invadiram pela montanha pegaram nós de surpresa, o negocio tá feio aqui.

—quem são esses malditos? Não para de atirar maldito, vou matar todos eles.

Depois de 4 horas de confronto, quase todos os pontos estavam tomados pela milícia, em uma pequena parte da favela a facção do Pepeu se refugiava dos milicianos.

—o morro é nosso pessoal.

—o senhor tem razão comandante Torres

—mas chefe ainda tem um pequeno território que não tomamos, o resto da vagabundagem pode tá escondida lá.

—relaxar Paulo em pouco tempo nós acabamos com eles, o principal já conseguimos que foi o ponto, mas alto, controlamos todas as entradas e saídas.

—malditos expulsaram nós da nossa área navalhada.

—negocio foi feio pra geral chefe os caras tavam bem armados.

—sim senti o poder de fogo, mas quem será essa quadrilha? Quantos dos nossos soldados morreram navalha?

Pepeu eu não sei quantos, mais muitos dos nossos tombaram no chão, alguns fugiram pelos nossos túneis secretos outros pegaram abrigo em algumas favelas próxima do morro do chapéu.

—patrão eu tenho uma informação.

— fala logo Jacaré qualé o papo?

Um olheiro nosso que ficou no topo do chapéu disse que os caras que expulsamos nós são chamados milicianos disse que a maioria é ex-polícia

—essas milícias de merda pensa que vão se da bem é.

— patrão o que miliça?

—o nome é milícia Navalhada, são ex-policiais armados que estão querendo tomar o poder em alguns morros, um traficante da Cidade de Deus já tinha me falado nisso, mas eu cabeça dura não dei importância, olha só o que deu.

—patrão e agora que vamos fazer?

—jacaré escuta bem o que vou falar, tu vai lá ao Turano

—nunca patrão, os soldado do Sacola vão me fuzilar, o senhor que me matar

—calma Jacaré vou bater o fio pro sacola dizendo que tu vai na paz, levar um recado meu.

—pô patrão sempre a missão mais perigosa é minha.

—kkkkk tá com medinho.

—vai você lá Navalhada.

—o patrão deu a missão pa tu.

—pô Jacaré tu é ou não do conceito rapa, nossa vida depende disso.

—sim patrão vou na parada.

—você vai falar pra ele o seguinte.

— Paulo esses traficantes sabe mesmo curtir uma vida boa, olha só essa mansão de luxo no meio da favela, agora aqui que vai ser nossa base, esse conforto agora é da milícia.

—comandante Torres os soldados milicianos falaram que viram alguns traficantes correndo na parte de baixo do Turano.

—deixar eles correram e se esconderem como ratos, em dois dias expulsamos o restante. Os milicianos estão nas posições?

— sim comandante tudo tá em ordem.

— e a população do morro como tá agindo?

—tão assustados comandantes, porém estávamos explicando que tomamos o morro pro bem deles.

—perfeito Paulo assim que tem que ser ganhar a confiança deles, depois nós vamos agir na comunidade.

A facção do Pepeu do Pó foi expulsa do morro pelos milicianos do ex-policial R. Torres, agora o único caminho eram unir forças com seus inimigos do morro do Turano, assim como tomaram quase todo o chapéu, poderiam invadir o Turano, agora as facções tinham mais um grande problema.

Jacaré partiu em direção ao Turano com a missão de levar uma mensagem importante do Pepeu pro Sacola. o medo de morrer era tanto que ao chegar na entrada do morro tirou a camisa branca e ficou de joelhos e acenou pros soldados da contenção.

—olha só quem tá na nossa área Jacaré pessoal, agora tu vai morrer rapa.

—calma pessoal tou aqui em paz tenho uma mensagem importante do Pepeu pro Sacola.

— mensagem o que rapa tu vai morrer agora algema o safado

—kkkkk.

—agora esse Jacaré vai virar bolsa de senhora, tà ligado.

—pô pessoal tenho que falar com o Sacola.

—tu tá de caô pro nosso lado rapa, tu é alemão vai morrer chara.

—vamos fazer melhor levar ele pro patrão terminar o serviço.

—anda logo levantar, não olha pra atrás senão tu morre.

—sacola o Jacaré tá na área, os soldados da contenção tão dando um susto no infeliz.

—pode crer Cuca, deixar geral trazer o Jacaré com a mensagem do Pepeu.

—patrão o que será que o Pepeu que com nós?

—sei não De Menor esse cabeludo traidor pode tá querendo armar pro nosso lado, mas vamos jogar com ele quando chegar o tempo certo, agente mata todos os alemão e toma o chapéu.

—sacola os soldados tão chegando com o jacaré.

—olha só pessoal jacaré tá fora da lagoa.

—Sacola tenho uma mensagem importante do Pepeu, ele ligou pra você avisando que eu vinha?

—que mensagem de Pepeu nada rapa, tu é x-9 vai morrer agora.

—risos.

Não, não sacola é verdade as milícias invadiram o morro do chapéu.

—kkkkk.

—esse Jacaré é muito medroso, ou ligado teu patrão me ligou falando do assunto, se não fosse isso tu já era, abre as algemas Dedé.

—pô sacanagem então vocês já sabiam de tudo, querem me matar do coração.

—kkkkk.

—desembucha logo Jacaré qualé o papo?

—uns milicianos invadiram o morro do chapéu e expulsaram quase todos os traficantes do morro Sacola, eles são muitos e tão bem armado entraram de surpresa pela entrada da montanha e pipocaram os nossos soldados.

—o Pepeu não garantiu defender a área de vocês, e onde que tá o cabeludo?

—eles tão na parte baixa do morro escondidos.

—escondido como rato.

—risos.

—o que mais ele te falou Jacaré?

—ele disse que marcar um encontro com você em território neutro.

—onde Jacaré?

—lá na fábrica abandonada.

—sei tou ligado sei onde é a parada, fala pro teu patrão se tive de caô pro nosso lado vai morrer tudo mundo.

—beleza sacola não é caô.

—quando vai ser Jacaré?

—amanhã as 10h00min horas da manhã.

—cai fora daqui Jacaré amanhã geral vai ta lá.

—o que você acha Cuca?

—essa parada tá sinistra chefe, mas por outro lado por que interesse teria o Pepeu pra armar uma emboscada.

—Pablo pega o telefone e bate o fio pra aquele x-9 nosso da polícia, pergunta de sabe alguma coisa do morro do chapéu.

—beleza Sacola.

Cuca, Pablo, Dedé, careca e a Verônica e mais 15 soldados vem comigo nessa missão. Você vai com agente verônica?

—tou nessa Sacola.

Eu vou também tou nessa sacola.

—você fica na área comandando os soldados De Menor.

—pô patrão vou perder essa.

—já falei moleque tu fica na área tá ligado

—beleza patrão vou ficar defendendo o território.

—Sacola falei com o nosso x-9 da polícia, é verdade a conversar do Jacaré.

— então o Pepeu afrouxou pros milícias safados e precisa da nossa ajuda.

— escuta Sacola o que o Pepeu falou faz sentido, se os milicianos tomaram o Chapéu podem tá planejando a invasão do nosso território, isso é muito grave pra nossa facção, esses milicianos são umas pragas você viu que tomaram rápido o território do Pepeu, tentamos tomar e não conseguimos, eu acho que tanto o Pepeu precisa de nós como agente precisa dele.

—verdade Cuca você tem razão, o negocio é sério.

—e aí jacaré o sacola aceitou o encontro?

—sim patrão tudo certo amanhã 10h00min na fábrica abandonada.

—beleza, Navalhada preparar os carros pra amanhã agente sair, leva uns 10 soldados com agente.

—já é então Pepeu.

10h00min horas da manhã do dia seguinte a facção do Sacola chegou primeiro no território neutro, a fabrica abandonada, a primeira aliança das facção inimigas estava por acontecer. As forças tinham os mesmos interesses, expulsar os milicianos e retomar o poder no morro do Chapéu, Cuca abriu a ideia na mente do Sacola que uma aliança seria o melhor pra todos os lados, os milicianos eram inimigos fortes, as facção divididas não conseguiriam parar o avanço dentro das comunidades.

—olha lá Sacola a facção do Pepeu tá chegando na área.

—atenção pessoal qualquer movimento em falso senta o dedo.

—calma Sacola tamo atento na área.

—beleza Pablo.

—e aí Sacola beleza irmão?

— beleza Pepeu.

—tou sabendo do acontecido da tua área, vocês foram expulsos rapa.

—risos

— o negocio é sério, tomaram o nosso morro agora vão tomar o de vocês.

—toma o que rapa nossa facção sabe se defender dos inimigos.

—defender e atacar também, vocês atacaram nós, mas saíram correndo de lá.

—tá de brincadeira comigo Mané.

—calma aí pessoal discussão não vai adiantar nada, agente tá aqui pra entrar em um acordo.

—beleza Cuca

—vamos manter a calma Pepeu.

—beleza é por isso que tamo aqui, vocês ajudam nós, e agente vocês.

— estão vamos esquecer o passado Pepeu.

—por mim tudo bem sacola já esqueci, quero fechar com vocês nessa tomada do poder do nosso morro, esses milicianos são umas pragas, como falei antes eles vão tomar todos os morros cariocas, por isso que temos que se unir contra eles.

—então tá selado Pepeu, vamos começar o acordo com o aperto de mão.

—selado parceiro, concordo com você, juntos somos mais forte que os milicianos e os malditos samangos.

—quero bate a letra pra geral a partir de hoje Pepeu e sua facção faz parte da família do Sacola tá ligado, aqui acaba a guerra entre nós e começar outra contra as milícias.

—eu também falo a mesma coisa pra vocês, a facção do Sacola e a nossa facção é uma só, unidas pra matar os milicianos, entendeu tudo Navalha, Jacaré, passa a mensagem pro resto dos soldados que tão na moita escondido.

O acordo foi fechado entre as facções, os traficantes que antes se matavam pelo poder agora estão no mesmo lado. Vai ser fogo contra fogo, o mais fraco que se quebre.

—vamos todos pro Turano bolar uma estratégia de tomada do morro do Chapéu.

—verdade o cuca tem razão, nossa área é de vocês agora Pepeu.

— valeu sacola.

— Jacaré.

—sim patrão.

—diz pros soldados que ficaram na parte baixa do chapéu pra ficarem de olho nos milícias, bate a letra pra eles que agora somos aliados do Sacola que se quiserem alguma coisa podem pintar sem grilos na área, tá ligado Jacaré?

—já é então patrão.

—Paulo nós vamos ganhar muito dinheiro nessa comunidade.

— o que o senhor pra pretendendo implantar nesse morro comandante?

— tenho muitas ideias que vão beneficiar a milícia, umas delas vão ser que cada morador vai pagar uma taxa de proteção, depois podemos montar uma rede de serviços que vamos oferece aos moradores, também cobrar valores dos comerciantes da comunidade sobre as vendas dos seus produtos, tipo uma porcentagem pra nosso bolso. Quem não pagar vai sofrer represaria da milícia.

—muito boa ideia comandante.

Vou ganhar muito mais aqui do que naquela merda de corporação que me expulsou por fazer justiça com minhas próprias mãos, dei 30 anos de minha vida servindo ao estado e em troca me deram uma cana.

—o senhor tá falando da polícia?

—não totalmente, mas o estado também, o meu sonho era ser policial desde moleque, fiz os testes e passei cursei a academia de oficiais, e formei e comecei minha carreira militar.

—o senhor foi expulso por quê?

— não leu os jornais da época?

—mais ou menos chefe lembra que dizia que o senhor era o responsável pelo um grupo de extermínio.

—não totalmente, era o esquadrão da morte "Abutre em Sangue", nessa época eu era comandante do 80°batalhão de policiamento da zona sul carioca, a bandidagem dessa maldita "F.C" estava causando um caos na sociedade carioca, matando policias e pessoas inocentes, o governador da época ordenou que ao secretário de segurança que desse um jeito no problema, em uma reunião com o governador o nosso comandante geral foi perguntado quando ele iria sanar o problema, ele deu uma resposta na cara dos burocratas, senhores o problema não é somente da polícia fazemos bem nosso trabalho, prendemos todos os fora da lei, mas não somos nós quem soltamos, pra resolver de vez o problema me desculpe a expressão, só matando.

O governador irritado com a resposta do nosso comandante disse: não me interessa como seja feito, quero uma solução imediata senão cabeças vão rolar, ele falou indiretamente por mim tanto faz, o maldito estava, mas interessado nas eleições que estava próximo, a polícia prendia os vagabundos e a justiça soltava, era mesmo que dar voltas em círculo, aonde não se chega a lugar nenhum. O comandante pressionou os batalhões sobre o assunto, aí em um dia de expediente no batalhão eu mais dois capitães e dois tenentes, criamos na unidade esse grupo de extermínio "O Abutre em Sangue", começamos a fazer "a limpeza" "como agente definia as execuções" dos criminosos que davam mais trabalho a sociedade, assaltantes perigosos, estupradores, assassinos toda a corja o Abutre limpava, muitos foram pra baixo da terra, a ação era rápida e eficiente, soldados, cabos e alguns sargentos eram peritos em matar bandidos, nosso grupo nunca matou nenhum inocente, agente fazia um trabalho de investigação antes de executar os meliantes.

—e como foi que a bomba estourou comandante?

—teve um dia que cercamos dois assaltantes de bancos em um terreno próximo a uma construção abandonada, pra nosso azar tinha dois repórteres bisbilhoteiros, fazendo uma reportagem de rua, no momento que nossos homens matavam os bandidos foram filmados pelos malditos, quando o grupo saiu filmaram a placa do carro, esse veículo ficava em um estacionamento da polícia, foram unindo quebras cabeças e aí chegaram ao nosso esquadrão.

—senhor e o que aconteceu com todos?

o nosso comandante foi aposentado, todos os membros do esquadrão foram expulsos e condenados pela justiça comum, cumprindo pena no presidio de polícia.

—e a imprensa não caiu de pau em cima do governador e do secretário?

—sim foi maior polémica, você sabe a corda sempre arrebenta pro lado mais fraco, o maldito se deu mal não conseguiu a reeleição e o secretário foi afastado.

—o senhor fazia parte da ação da execução?

—sim quando o bandido era muito perigoso eu fazia questão de mata-lo, lembrar-se daquele bandido perigoso assaltante de bancos o vulgo "Alicate"?

—sim, me lembro desse era barra pesada.

—eu pessoalmente fechei o paletó dele.

—rapa então o grupo era extermínio em massa de vagabundo.

—sim, hoje ainda tem muitos grupos de extermínio nas policias, quando você ver noticias de bandidos mortos pode crer que são eles, mas só que diferente de nós eles não usam nome.

—Abutre em Sangue esse nome mete medo.

—risos

—Paulo tem uma missão pra você fazer.

—pode dizer comandante miliciano.

—você vai fazer o seguinte: vai lá à associação de moradores e fala que os representantes da milícia vão ter uma reunião com a comunidade pra tratar do assunto de interesses de todos.

—perfeito deixar comigo.

—vamos adiantar o nosso lado.

Na reunião o comandante miliciano não propôs nada e sim impôs a comunidade, a cobrança das taxas de proteção contra os traficantes e os serviços que iriam oferecer aos moradores, ninguém poderia discordar de nada senão já sabiam o que poderia acontecer, saem os traficantes e entram os milicianos, quem é o pior grupo?

Na delegacia da policia federal delegado campos e delegado coelho, e o agente Souza, acertavam os detalhes da última e maior investida contra a criminalidade no Brasil, a Operação Colômbia estava chegando ao final com sucessivas apreensões e prisões, as cúpulas das policias, Federal, Civil, Militar e as Forças Armada brasileira, o exército colombiano e os americanos estavam próximo de começar a tomada dos morros do Turano e o morro do Chapéu ao mesmo tempo os militares brasileiros, os militares colombianos e os americanos atacariam os acampamentos das guerrilhas. Era questão de honra para a polícia federal prender Cicatriz, Gordo e Cara-de-Lata.

—bom dia delegado Campos

—bom dia delegado Coelho, om dia agente Souza.

—bom dia doutor

—bom trabalho a civil fez invadindo o esconderijo dos assaltantes que roubaram a agência bancaria de Alcântara do Vale.

Sim Campos, graças às informações exatas que a federal nos passou tiveram êxito na missão de prender os meliantes, mas umas reações de desespero atiraram contra os agentes e foram mortos, infelizmente a Verônica e o Gordo já tinham pegado fuga antes da polícia chegar ao esconderijo. Recuperamos parte do dinheiro.

—que bom, tenho uma bomba pra contar pros amigos.

—pela sua cara deve ser algo muito importante.

—vocês vão cair pra trás com a notícia, vocês sabem do senador Ciro Pelicano?

—o senador que estava internado e morreu recentemente.

—sim meus amigos, mas só que ele não morreu de causa natural, ele foi envenenado.

—envenenado como foi isso delegado? Por que envenenariam um senador do governo?

—isso é outro caso meus amigos, os legistas descobriram na autopsia uma substância do poderoso veneno cianureto, e que horas antes do senador morrer um médico desconhecido entrou no leito pra aplicar uma medicação, descobrimos que era um falso médico que entrou e aplicou esse forte veneno no soro do senador.

—quem era esse assassino?

—não sabemos ainda, agora vou falar o motivo pros amigos, o senador Pelicano era o responsável pela lavagem de dinheiro da "Facção Carioca".

—não acredito nisso doutor, um senador do governo com grande influência politica no Brasil e no exterior, envolvido com criminosos da "F.C".

O motivo pelo qual ele foi morto foi justamente por desvio de dinheiro da organização criminosa. A federal já sabia de tudo delegado Coelho, através de escutas telefônicas descobriram muitas irregularidades, a nossa missão é prender Cicatriz a dar nomes aos bois, o maior deles era o senador, agora ele está morto.

— doutor não me espanta de mais nada nesse país.

—você tem razão agente Souza.

—meu amigo, temos que prender o Cicatriz.

—delegado Campos, a federal não sabe o paradeiro dele?

—sim sabemos que ele ainda está na Colômbia nos acampamentos das guerrilhas negociando armas e drogas, por isso que chamei os senhores aqui pra adiantar o assunto aqui á 60 dias vamos reunir todos os representantes das forças federais, civis e militares brasileiros, colombianos e americanos, vamos traçar os detalhes da última e decisiva investida da operação Colômbia contra o crime organizado tanto no Brasil como na Colômbia.

— bom dia a todos.

— agente Miguel você traz fatos novos pra investigação?

—doutor o senhor está sabendo que os milicianos tomaram o morro do Chapéu?

—sim estou sabendo.

—e quem está liderando os milicianos é aquele ex-coronel da Policia Militar Torres

—aquele do esquadrão "Abutre em Sangue"?

—esse mesmo.

—eu me lembro desse coronel, foi ele quem fundou um esquadrão da morte, uns repórteres filmaram a placa de um veículo que foi usado na ação, eles foram expulsos e julgados.

—então foi isso delegado Coelho?

—sim campos

Os nossos informantes da polícia já tinham passado essa informação que o agente Miguel veio reforçar os traficantes do morro do chapéu fizeram uma aliança com os traficantes do morro do Turano, Sacola e Pepeu agora estão no mesmo lado, Sacola teme que os milicianos tomem o Turano como fizeram com o morro do Chapéu, eles estão armando alguma coisa pra tomar de volta o morro do Chapéu.

—aí que vamos entra pessoal.

—como assim delegado Campos?

— coelho você tem que descobrir com o informante da polícia quando vai ser essa invasão no momento que eles estiverem invadindo o morro do chapéu pegaremos todos de surpresa.

—com certeza doutor.

— então aqui 30 dias todos os membros da operação Colômbia estarão aqui pra traçar os planos finais tanto no Brasil como na Colômbia conto com a presença de todos.

—obrigados delegados Campos, vamos está presentes.

—bom dia a todos a reunião está encerrada.

—comandante Torres a nossa cobrança de taxa de proteção tá bombando, se continuar assim logo vou trocar de carro.

—risos

— viu só que falei a você quando tomássemos o poder todos iam ganhar.

—sim senhor agora nós temos que começar a implantar nossos serviços de comercio dentro da comunidade, e também a cobrança dos comerciantes da área.

— meu amigo você pelo jeito está contente com o andamento da situação. Ainda quer voltar pro corpo de bombeiro ex-sargento Paulo?

—nunca comandante Torres, aquilo era um inferno arriscando minha vida 24 horas, podendo uma hora outra morrer em um incêndio pra ganhar simples medalhas e nada de ganhar as promoções, e senti desvalorizado por aquele governo corrupto safado.

—e meu caro amigo agora tudo isso é passado agora vamos montar nessa grana, e aí me fala os milicianos da guarda viram algo de estranho aos arredores do morro?

—tudo em perfeita ordem senhor, apenas os traficantes que restaram na parte de baixo do morro que ficam olhando desconfiados em nossa direção.

—sabe de uma coisa Paulo, não precisa dessa parte do morro o principal nós temos que é o topo e as entradas e saídas, vamos deixam eles por lá, assim podemos saber onde estão e o que estão fazendo.

—o senhor tem certeza disso chefe?

—claro rapaz, todos os acessos das favelas nós controlamos, eles não seriam tão loucos pra peitar nossa força miliciana, se vierem vão virar defunto.

—Verônica quer bater um papo comigo querida?

—que foi Pablo? Vamos lá pra casa querida.

—sim vamos lá que quero comer tou morrendo de fome.

—já é então.

—fala aí que você que?

Cuca entrando no caminho de Jesus

— o que achar dessa aliança do Sacola com a facção do Pepeu?

—pra mim foi o único caminho, o que cuca falou faz sentido, assim como os milicianos tomaram o morro do Chapéu, podem querer invadir o Turano, e sem ajudar da facção do Pepeu já era Pablo fica certo disso, você falou que vocês tentaram tomar o morro do chapéu e foram expulsos a rajadas de antiaérea, então acho que sem ajuda da facção do Pepeu aqui, vai ser fácil eles tomarem o Turano.

—sim e agora como vai ser essa tomada do Chapéu?

—temos que bolar em plano infalível, o lance não vai ser fácil. Pablo vamos cair fora daqui pra bem longe.

—calma meu amor deixar a poeira sentar, como falei pra você vou cuidar de tudo.

— eu sinto que de uma hora outra alguma coisa pode acontecer no Turano.

—tipo o que Verônica?

—não sei uma invasão da milícia ou da polícia.

—eu também sinto o mesmo querida essa operação Colômbia vai apertar o cerco em cima de nós. O negocio vai feder na comunidade.

— os canas estão loucos pra nos matar depois dos assaltos a banco

— sim querida à barra pode pesar de uma hora pra outra.

—já que estamos sozinhos aqui na casa, posso te beijar Pablo?

— pode não, deve.

—quem diria que iria me apaixonar pelo traficante do Turano.

—eu conquistei seu coração, ganhei sua confiança.

—anda na linha comigo Pablo Manuel, já sabe se vacilar olhar só eu que tenho aqui nas mãos.

—risos, as uzis.

—quero que tu fiques longe dos bailes da comunidade rapa.

— um tá com ciúmes é?

— não queira me ver zangada.

—eu já vi no dia do assalto do banco

—risos.

—sabe que agora só tenho olhos pra você Verinha.

— tá bom então vai comer a comida tá esfriando.

—tem alguém batendo na porta.

—pode entrar.

—tou invadindo a área de vocês

—chega aí Cuca.

—vamos almoçar do movimento?

—não queria não, mas como essa comida tá pelo jeito sabor gostoso, eu vou fazer companhia pra vocês. Deixar de onda rapa pega logo um prato.

—obrigado, risos, tá uma delicia o gosto tá melhor que de um restaurante japonês.

—kkkkk.

—ei seus moleques vocês vão zua com meu rango, esperai vou colocar pimenta no prato de vocês.

—gargalhadas.

— eu sei Cuca que vocês querem zua comigo, parecem dois eternos moleques.

—você fez meu amigo mudar, nunca tinha visto os olhos de ele brilhar tanto.

—Cuca vou falar um lance nosso pra você irmão.

—não esquenta Pablo eu já tinha percebido rapa.

—sério cuca quando foi que percebeu nosso envolvimento.

—quando a Verônica chegou aqui, vi em seu rosto alegria de está perto dela.

—é meu amigo estamos envolvidos alias muito mais que isso, estamos nos amando.

— Verônica, Pablo vou torcer pelo amor de vocês que sobreviva no meio dessa maldita guerra.

—obrigado cuca.

—cuca você é como se fosse meu irmão vou abrir o jogo, nós estamos deixando a poeira sentar pra se mandar lá pros lados do Paraguai, em com a gente.

—ainda não é hora pra eu partir, mas obrigado Pablo, um amor bandido em meio à guerra das facções contra milicianos e polícia.

—risos.

— cuca como um jovem de classe media, e educado veio parar aqui no movimento?

—e uma história longa Verônica um dia conto pra você.

—o Pablo falou um pouco de você pra mim.

—sim isso que ele me falou é um pouco da minha vida.

—não esquenta irmão você tá aqui no meu coração rapa.

—valeu Pablo.

— cuca não vai comentar isso com ninguém principalmente com o patrão

— não esquenta Pablo.

—Pablo depois que você acabar aí, vamos subir os arredores do morro do Chapéu pra começar a planejar a invasão.

— beleza irmão já tou indo.

—Verônica você é sangue bom, fez meu amigo feliz, então é do meu conceito.

—obrigado Cuca, mas não se esquece, caso você mude de ideia sobre nossa fuga.

—beleza Verônica.

—vamos verônica pessoal tão lá na base esperando agente.

—sim Pablo pode crer.

—a parada é o seguinte Cuca, Pablo é o Jacaré vão sondar os arredores do morro do chapéu pra achar um lugar estratégico pra geral atacar os milícias.

—tem alguma coisa pra falar pros soldados Pepeu?

—sim Sacola, o jacaré guia os amigos até as nossas saídas de emergência, ver se tem alguma que as milícias não descobriram se conseguirem vocês dão uma sondada e voltem pra falar pra nós.

—pode crer Pepeu se conseguimos achar uma entrada vai ser mais fácil pra geral atacar.

—tomara que sim Sacola, senão vamos ter que tomar na raça.

Cuca, Pablo e Jacaré saíram em direção aos arredores do morro do chapéu a missão era sondar a área e tentar encontrar uma entrada secreta pras facções invadirem, todas as favelas têm seus túneis secretos feitos pelos traficantes em caso da polícia invadir, agora Jacaré tinha abrir o jogo e contar pros parceiros cuca e Pablo onde eram todos os túneis.

—e aí jacaré cadê a primeira entrada?

— e aqui Pablo, saca só, a camuflagem do túnel tá perto dessa árvore fica bem escondido, uma vez o patrão pegou fuga por aqui por causa malditos samangos, vamos logo entrar.

—caramba isso aqui foi bem construído, deve ter levado anos.

Sim levou mais um ano, esse túnel foi uns dos últimos é o mais trabalhado, até luz tem aqui te mete rapa com a facção do Pepeu.

—risos.

—acende essa lanterna aqui Cuca.

—tou quase achando, pronto eu encontrei o interruptor.

Incrível como traficantes conseguiam fazer uma estrutura tão bem feita de fuga, os túneis eram feitos de dentro das favelas com saídas pra perto das pistas, agora está explicado por que dificilmente a polícia pegava os chefes das facções dos morros cariocas, dentro tinha tudo desde luz, sistema de ventilação e até água, comida enlatada usada por militares, uma pessoa poderia ficar meses escondidas no lugar desses.

—bate a letra aí jacaré quem fez esses túneis pra vocês?

— gostou da nossa rota de fuga Cuca.

Os profissionais que trabalham com obras na comunidade, falaram com um doutor desses que fazem pontes e túneis, Pepeu contratou os serviços dos caras pra fazer esse especialmente pra ele.

—tou ligado Jacaré os caras que falou são engenheiros civis.

—isso mesmo, eu não sei dessas coisas cuca.

—tamo chegando pessoal nós vamos fica atento pode ter milícia próximo à entrada do túnel.

Finalmente o trio chegou perto à entrada do túnel, todos em silêncio um descuido se fosse descobertos a missão afundaria, o nervosismo e a ansiedade tomava conta dos amigos, quando de repente Jacaré se assustar com alguém que se aproximava.

—fala logo Jacaré que tu vendo?

—entrar tudo mundo no túnel sujou é um miliciano que tá vindo em nossa direção.

Passado o susto eles saem do túnel.

—então pessoal essa é a entrada principal logo próximo fica um posto de vigilância dos soldados da contenção, e mais adiante subindo aquele morro pequeno que fica a nossa base.

—o que você achou Cuca?

—dar pra gente dividir os grupos de ataque, uns soldados vem por aqui e se espalham dentro da favela pra atacar na hora certa.

—vamos agora pro outro túnel Jacaré.

— beleza Cuca.

—vamos logo sair daqui que os milicianos podem pintar na área

—é mesmo o Pablo tem razão.

—vamos logo que o Jacaré já tá se borrando de medo

—kkkk.

—vocês tão de brincadeira, não bateram de frente com milícias, os caras mataram muitos dos nossos. Cada tiro que davam era um nosso tombando no chão

—pô mermão vocês tem praticar nos alvos tá ligado Jaca

—pode crer Pablo da próxima vez ponho você na minha frente pra servi de escudo.

—kkkkk.

—vamos embora pessoal que o jacaré tá se estressando

—que nada rapa eu sou jacaré linha de frente do Pepeu.

—tou brincando Jacaré, os caras são bons de tiros por que são os foram militares, os milicos sempre tão praticando até chegar à perfeição.

—escuta o Pablo Jacaré, disso ele entende o cara já foi do exército brasileiro, quase tudo que sei sobre armas ele me ensinou.

—fui do batalhão de paraquedista brasileiro.

— e agora tu e do exército do traficante sacola

—kkkkkkk.

— olha só o Jaca que zua com você Pablo.

— risos.

—deixar ele comigo, quando chegar ao Turano, afogamos ele em uma lagoa que tem lá.

—risos.

—vamos deixar de papo que tamo chegando ao próximo túnel.

— onde tá Jacaré a saída?

—vocês tão pisando nela.

— é mesmo rapa, é aqui olha só encontramos Pablo.

— me ajuda abrir essa tampa de concreto é muito pesada pessoal.

—beleza pessoal.

—vai na frente Jacaré que você conhece o caminho.

— tou descendo me passa essa lanterna Cuca.

—toma aí parceiro.

— esse túnel não tem luz, o patrão não terminou de construir.

—pô mermão é muito escuro.

—pode crer Pablo isso aqui é escuro, quente e fede pra caramba.

—deve ser rato morto ou morcego.

—ou um x-9 que vocês mataram.

—que nada, os x-9 fazemos as covas no nosso micro-ondas

—risos.

—vamos logo pessoal temos que chegar logo no túnel.

—onde é o outro túnel Jacaré?

—fica perto daquela montanha Pablo.

— foi por lá que vocês dançaram pros milicianos?

—pode crer Cuca, mas esses malditos vão pagar caro por me meter com nós.

—chegamos a entrada, é aqui, cuidado na frente tem umas vigas de ferro.

—pô Jaca tu tá vacilando, sabe pra serve uma parte de cima do teu fuzil rapa? e pra colocar a lanterna, e daqui vou mostrar pra tu a parada.

—pode crer eu morria e não sabia que dava pra encaixar uma lanterna aqui.

—claro tu não quer se ligar nos treinamentos das facções, alguns dos nossos soldados serviram o Exército como eu, por isso duram mais.

—esse túnel vai ao lado da nossa base.

—beleza então os elites vão atacar por aqui tá ligado

—pode crer Cuca.

—tamo chegando à entrada, bico fechado pessoal, eu vou da uma olhada pra ver se vejo alguma milícia.

—e aí Jacaré tá vendo o que?

—algumas milícias andando de um lado para outro.

—sai daí me deixar ver.

—tá vendo alguém de bobeira Cuca?

—sim Pablo, vai ser aqui que um grupo vai atacar, vai ser fácil chegar à base deles, se tivermos sorte pegamos de surpresa o comandante deles.

—beleza pessoal nós vamos voltar, missão cumprida.

—é sim o cuca tem razão vamos voltar pro Turano pra bolar a nossa invasão

Cuca, Pablo e Jacaré conseguiram terminar a primeira parte da missão, encontraram as entradas dos túneis que davam direto na favela, agora era questão tempo pra começarem a planejar a ofensiva contra os milicianos do "comandante Torres"

De volta ao Turano, começam a traçar os planos das facções.

—e ai pessoal encontraram as entradas?

—sim sacola o jacaré mostrou os túneis que dão acesso ao morro do Chapéu, são três túneis, tem um que dar direto na base de vocês.

—pode crer Cuca, demorou anos pra mandar construir aqueles túneis, uma vez fiquei escondido dias lá fugindo dos canas.

Então eu acho que temos que dividir os grupos, alguns vão pelo túnel principal que dar direto a base dos milicianos, outros vão pelo segundo túnel e um terceiro grupo vai pela entrada principal da favela pra distrair os milicianos. Quando o grupo da entrada principal tiver trocando tiros com os milicianos, eles vão se descuidar da segurança dentro da favela, é nessa hora que entramos e pegamo-los pelas costas.

—o que achou Pepeu? E você Sacola?

—o seu soldado tem um plano infalível sacola concordo com ele, eu quero entrar pelo túnel principal que vai dar ao lado de nossa base, quero ficar de frente com aquele chefe dos milicianos, vou meter um tiro de ar-15 na testa do infeliz.

—patrão o plano do Pablo é a melhor opção, agora tem uma coisa.

—o que Cuca?

—acho que temos colocar os melhores soldados no túnel da base quando geral tiver dentro da favela não pode ter erros. Os milicianos são bons atiradores, por isso que dentro da favela tem que ter os melhores.

—pode crer Cuca.

— o que o cuca falou sacola faz sentido.

—então tá selado pessoal, concorda comigo Pepeu?

—é nós irmão tamo fechado nessa tomada do nosso território.

—comandante Torres.

—o que aconteceu Paulo?

—aquele comerciante perto da praça disse que não vai pagar os 30 por cento pra milícia por que não tem condições.

—pô parceiro e você não deu o recado pra ele.

—achei melhor primeiro comunicar ao senhor.

—reuni uns 10 milicianos vamos lá dar o recado pra esse velho.

—o senhor sabe quem eu sou?

— o dono da milícia.

— dono não seu velho, comandante miliciano então não vai pagar mesmo os 30 por cento?

—senhor, por favor, não tenho condições de pagar tudo isso, tenho muitas dividas pra pagar tenha pena de mim.

—vou te dar um recado seu velho mão- de- vaca, que nunca vai esquecer.

—por favor, não me bata.

—isso é pra tu nunca deixar de pagar o que milícia determinar velho maldito, toma chute na costela, e me dar essa pistola engatilha Paulo que vou matar agora esse maldito.

—não bate no meu pai seu covarde assassino.

—segura ela Paulo.

—fica na tua mulher senão vai sobrar pro teu lado.

—abre a boca seu velho pão duro, vamos que não tenho muito tempo, tu vai senti o gosto da bala, vou apertar esse gatilho e teus miolos vão se espalhar pelo chão.

—não, por favor, deixa meu pai em paz.

—quer falar alguma coisa velho pão duro?

—sim senhor eu pago, eu pago, mas, por favor, não me matar.

—não ouvi direito.

—eu pago tudo que o senhor quiser, por favor, não quero morrer.

—assim é melhor, ver se pode pessoal um velho desse com comercio imenso com todas as mercadorias, carro do ano na garagem, casa bonita e diz que não tem dinheiro pra nos pagar.

—comandante o velho deve tá guardando o dinheiro em baixo do colchão.

—kkkkk.

—você tem razão miliciano, que passar a perna em nós, expulsamos os traficantes da comunidade de vocês, deixando na total paz, vocês tem que pagar pelos nossos serviços.

— exato comandante, o senhor tem razão eu tenho uns cinco filhos pra criar.

—o senhor não quer deixar os filhos do miliciano passando fome?

—risos.

Não vamos perder mais tempo diz pra tua filha pegar o dinheiro logo que deixamos vocês em paz

—vai minha filha pega o dinheiro pra eles.

—sem nenhuma gracinha senão teu pai morre.

— agora sim falou a minha língua assim que tem que ser, grana na mão proteção garantida, nós vamos embora, tenha um bom dia.

—maldito filho de uma cadela, o senhor tá bem pai, pode levantar?

— me ajudar aqui filha.

—com todos os problemas dos tiroteios, eu preferia os traficantes pais.

—sim minha filha, vamos ficar quietos esses homens são assassinos.

—viu só Paulo como se resolve os problemas, assim que vocês tem que impor a ordem na comunidade, tem cumprir senão neguinho morre.

—sim comandante, o senhor quase dar cabo do velhote.

A milícia impõe respeito dessa maneira, Paulo esses favelados dão cobertura pros traficantes vagabundos, na época que agente fazia operação dentro das favelas o que mais agente encontrava era morador envolvido com tráfico de drogas, quando o meu batalhão matava vagabundo a mãe dizia na imprensa que o filho era estudante não tinha envolvimento com o movimento, como pode isso? O vagabundo tá portando um 762, m-16,ar 15,ak 47 e é estudante, agente passava o cerol em neguinho, depois esses merdas da imprensa caiam matando na Polícia Militar. Eu Chegava em casa cheio de problemas não conseguia dormir direito, vivia a base de remédios, tinha fobia, acordava de madrugada imaginando que alguém estava invadindo minha residência, pegada meu fuzil e andava ao redor da casa e não encontrava ninguém. Paulo vida de policial é barra companheiro, arriscamos nossas vidas pela sociedade, mas se acontecer alguma coisa errada já era parceiro, somos expulsos e julgados pela esfera comum, atira pelas costas é crime, isso que diz a lei, eu não esperava vagabundo virar a cara pra mim, não sou louco, metia a bala pelas costas mesmo, depois plantava aquela arma pra pericia comprovar que ele reagiu.

Mas perito que saber se bandido foi morto pelas costas, eles queriam era terminar logo o serviço e cair fora daqueles buracos. Paulo a milícia vai fazer história, e prepara rapaz que vamos dominar todas as favelas cariocas, os traficantes vão ser caçados como ratos que se escondem em buracos.

—o senhor tem uma visão de futuro comandante, sabe muito bem gerenciar e manipular a situação, será se tá surgindo o primeiro mercado empresarial miliciano?

—risos.

—é rapaz você disse tudo Paulo mercado empresarial miliciano, essas palavras soam bonito, boa ideia, agente pode até fazer um turismo pra gringo ver a comunidade, sabemos que eles gostam dessas coisas, carnaval e mulatas.

—e também assistir um clássico no maracanã, Vasco e Flamengo, claro com vitória do meu Vascão.

—que nada Paulo, mas o meu Mengão vocês são nossos fregueses.

— ei comandante temos que pegar umas mulheres da comunidade.

—contrata umas gostosas pra gente fazer uma festinha lá na base.

— deixar comigo chefe, vou escolhes as melhores.

Na delegacia do delegado coelho chega uma mulher estranha de aparência humilde em seu rosto muita dor e sofrimento, quem será essa pessoa?

—bom dia queria falar com o delegado responsável.

— como e seu nome senhora? Poderia adiantar o assunto sou escrivã de polícia e se a senhora me adiantar o assunto posso ajuda-la.

— meu nome é Tereza, obrigado moça, mas o assunto que tenho só pode ser tratado com o delegado.

—tudo bem senhora então a senhora pode sentar e espera um pouco que ele saiu em uma diligencia aqui perto, já está voltando.

—mais uma vez obrigado.

De repente o agente Souza entrar na delegacia

—agente Souza onde está o delegado?

—depois da diligencia ele foi deixar um documento aqui perto escrivã, porque você está perguntando?

—essa senhora quer falar com ele, perguntei o assunto, mas ela não quis me falar.

— estranho quem será essa mulher escrivã?

—pode ser mais um caso de agressão de marido Souza.

—sim pode ser, mas os olhos dela são de uma pessoa sofrida.

— Souza sabe de uma coisa, deixar o delegado chegar que ela fala o assunto pessoalmente.

—mas eu lá falar com ela escrivã, pode ser algo muito importante pra nossa investigação.

—então vai logo Souza que a mulher está nervosa, leva uma água pra ela.

—olá senhora bom dia meu nome agente Souza, trouxe esse copo com água que estou vendo que a senhora está muito nervosa.

—sim policial estou um pouco, quero muito falar com o delegado ele vai demora?

—não senhora ele deve está chegando.

—policial tenho uma coisa muito importante pra dar pra vocês.

—sim senhora, o doutor acabou de chegar.

—retornei escrivã alguma novidade na minha ausência?

Sim doutor, o senhor está vendo aquele à mulher conversando com a agente Souza? Ela chegou aqui preocupada querendo falar pessoalmente com o senhor, tentei perguntar o que se tratava pra adiantar o assunto, mas falou que só falaria com o delegado.

—obrigado escrivã Marcia, manda a moça entrar na minha sala, há diz pro Souza acompanhar ela.

— Souza o delegado falou que a moça já pode entrar pra falar com ele, e pra você também ir.

—obrigado escrivã Marcia, vamos senhora o doutor vai ouvi-la.

—delegado coelho é essa a senhora dona Tereza.

— bom dia dona Tereza, fique a vontade pode sentar-se, por favor, Souza pega um copo com água pra ela.

—bom dia doutor, eu busquei muita força pra chegar hoje aqui, não foi fácil pra mim, minha vida tem sido uma desgraça nesses últimos seis meses. Perdi meu marido de uma forma trágica. O que fizeram com ele nem um cachorro merecia ser vítima de tanta crueldade.

—vamos por partes, calma senhora, a senhora que fazer uma denúncia de homicídio de seu marido.

—não doutor, eu sei que o senhor é uma pessoa do bem, mas não acredito que existe justiça nesse país pra pessoas pobres como eu.

—a senhora é testemunha de um homicídio tem que denunciar.

—doutor eu era moradora do morro do Turano.

—quando a mulher revelou onde antes residia delegado Coelho desconfiou que algo estranho àquela mulher triste e assustada, sabia de importante.

—Turano a senhora falou?

—estamos investigando os meliantes que moram lá há muito tempo, Sacola e seu bando.

— sim doutor eu sei quem são esses assassinos covardes, foram eles mesmo que mataram meu marido.

—quem era seu marido senhora?

—ele era o informante de vocês.

—minha nossa, juntei os fatos e agora sei o que a senhora está falando, seu marido foi vítima cruel da facção do Sacola, ele tinha conseguido informações preciosas para polícia.

—sim doutor isso mesmo, eu nunca desconfiei que meu marido fosse informante da polícia, se soubesse disso antes, pelos nossos filhos nunca deixaria fazer esse serviço. Doutor ele foi morto brutalmente teve as mãos cortadas e queimado vivo, quando uma amiga da comunidade me falou o tinha acontecido com o meu marido, não consegui acreditar, ela me falou como ele tinha sido morto e disse pra eu pegar rápido os meus filhos e fugir da comunidade senão os traficantes poderiam nos matar, sai correndo com pouco dinheiro que ela me deu, com a roupa do corpo e com meus filhos pequenos.

Mas antes de sair encontrei isso de meu marido, demorei meses pra criar coragem e trazer isso pro senhor, fiz tudo isso pelo meu marido sabe que morreu fazendo uma coisa importante, toma doutor entrego em suas mãos.

—senhora obrigado pela sua cooperação com a polícia, seja o que for esses documentos vão ser muito útil ao trabalho policial. O agente Souza vai pegar o endereço da senhora, amor precisar de seu depoimento pra começar o inquérito policial. Anota tudo aí Souza.

—que informações contidas naqueles envelopes eram tão importantes pra polícia, à mulher deixou os documentos saiu da delegacia e nunca mais foi vista de novo.

—Souza ver esses mapas, isso é uma bomba rapaz.

—de onde são esses mapas doutor?

—nem te conto agente Souza, são os mapas de todas as entradas da favela do Turano, tanto normais como secretas, foram feitas por aquele informante da polícia morto pela facção do Sacola, as entradas secretas eram túneis de fuga feitos pelos traficantes dentro da comunidade, eles usavam esses túneis para fugir do cerco da polícia. Isso vai ser um prato cheio pra operação Colômbia Souza, com essas informações feitas pelo informante a operação policial vai ter grande êxito na missão, o delegado campos tem que ter em mãos esses mapas.

—doutor como será que ele conseguiu desenhar tudo isso sem ser descoberto de primeira?

Não sei Souza, só sei que esse homem deveria ter uma homenagem por esse brilhante trabalho de denunciar esses bandidos perigosos, morreu servindo ao estado, tenho certeza que algum policial pilantra corrupto derrubou o trabalho dele pros traficantes, mas antes de morrer conseguiu terminar o serviço de informação, agora sim pegamos essa quadrilha do Sacola vivos ou mortos.

—de preferência doutor todos mortos.

—Souza amanhã voltaremos a polícia federal com esses mapas pro delegado campos ter conhecimento.

—e agora doutor? Com essas informações como vamos agir?

—ora meu caro Souza, simplesmente vou entregar ao Campos o mapa, e em cima das informações traçar a estratégia de envasão do morro. Agora estamos com a faca e o queijo na mão. Obrigado meu Deus.

No dia seguinte os polícias coelho e Souza, saíram em direção à delegacia da Polícia Federal, agora tinha em suas mãos um poder grande contra a facção do marginal Sacola, os mapas feitos pelo informante era peça crucial para operação Colômbia. A operação policial no Turano tinha seu guia precioso, tudo nos mínimos detalhes, entradas e saídas secretas da favela, a posição da base dos traficantes, os postos de vigilância dos soldados da contenção o mapa tinha localização de quase tudo.

— bom dia delegado campos.

— bom dia delegado Coelho, agente Souza sejam bem vindo.

—doutor eu tenho ótimas informações pra ajudar na operação Colômbia.

—então me fala coelho diga logo qual é essa informação?

—dar uma olhada nesse mapa campos.

—são de onde campos esse mapa?

—do morro do Turano delegado.

—do Turano rapaz, isso vai ser um prato cheio pra operação, como conseguiu esse mapa Coelho?

—delegado o senhor lembrar-se do nosso informante morto pela facção do Sacola?

—sim claro você me falou que ele foi descoberto e brutalmente assassinado.

—então, depois que ele foi morto à mulher fugiu da comunidade do Turano com os filhos e viu esses papéis nas coisas particulares do marido, pegou e ficou sobre sua responsabilidade durante meses, até que finalmente ela criou coragem e entregou a mim.

— tem certeza que essa mulher é à mulher do informante?

—sim delegado campos eu mesmo conferi a identidade dela, ela é a viúva do informante.

—Coelho isso é peça chave para nossos planos, excelente trabalho de vocês, em cima desse mapa vamos traçar a tática de invasão, rapaz esse informante era bom, desenhou a posição da base, entradas e saídas dos marginais tudo descrito.

—e agora delegado campos qual vai ser nosso próximo passo?

—delegado coelho como falei antes pra vocês esperar o dia marcado pra o começo da invasao, mas antes disso tenho que traçar os planos com o agente Miguel, ele é o nosso chefe das operações especiais, com você Coelho, com o coronel da Polícia Militar e os representantes das forças armadas, o plano agora tem que começar por esse mapa.

— doutor os bandidos vão sentir a mão pesada da lei.

—exatamente agente Souza, agora não tem como fugirem pegamos vivos ou mortos.

—Coelho e como que tá o movimento no morro do Chapéu? O informante descobriu quando o Sacola vai invadir?

—infelizmente doutor até agora nenhuma informação.

—e quanto aos milicianos continuam dominando o morro do Chapéu.

—sim, o ex- coronel Torres é um perigo pra sociedade delegado. Vamos colocar esse miliciano atrás das grades.

—esse cara tem um poder grande nas mãos "a milícia armada", ela e pior que os traficantes, expulsaram rápido os traficantes da facção do Pepeu.

—concordo com você coelho essa milícia e um câncer se não for tratado logo, vai matar muita gente, com facção ou milícia não interesa vamos tomar tudo.

—estou ansioso pra essa guerra começar delegado Campos.

—eu também delegado coelho vou reunir os representantes da Operação Colômbia aqui uma semana pra começarmos a traçar os planos em cima do mapa, agradeço a presença dos senhores tenham um bom dia e dou a reunião por encerrada.

—se eu souber de algo, entro em contato com vocês da Civil.

— obrigado Campos, nós também bom dia.

—miliciano Paulo tem outra conquistar por fazer.

—o senhor tá falando do morro Turano?

—lógico, onde mais poderia ser? Eles são nossos vizinhos vai ser, mas fácil que tirar doce de criança.

—risos.

— temos que expandir a milícia Paulo, mais território, mais grana no bolso rapaz.

—muita grana comandante eu estou curtindo muito todo esse luxo.

—e o carrão no ano que você comprou?

—risos.

— estou voando com minha máquina.

—risos, é miliciano o negocio não para o próximo vai ser o Turano parceiro.

A milícia não sabia estava perto de receber o troco, a facção do Pepeu uniu as forças com a facção do Sacola, e pra completar o comandante miliciano Torres não tinha conhecimento das entradas secretas do morro do Chapéu, uma delas dava direto na base miliciana, agora a bala vai comer nessa batalha da violência urbana brasileira os projéteis dos fuzis vão cruzar a comunidade do morro chapéu.

—meus amigos membros das facções do Sacola e do Pepeu, chegou a hora da geral dar o troco nesses milicianos malditos.

—é sim pode crer padrão e vamos mata alemão.

—vamos fazer isso por todo o Chapéu também é nossa casa e temos que expulsar os invasores que tomaram o morro dos nossos amigos, tá ligado. O nosso aliado Pepeu que dar um alô pra geral, pode fala irmão.

— obrigado a todos os soldados do movimento, antes as nossas facções eram inimigas, agora o lance mudou, estamos no mesmo barco, e geral sabe que as facções unidas são mais forte que todos nossos inimigos, essa guerra é de vocês, vamos lutar pelo nosso sustento, eles vão sentir o peso dos nossos fuzis.

—vamos logo matar alemão pessoal.

—atenção pessoal o paplo que passar instruções pra vocês.

Pessoal como falei antes 200 soldados vão pelo túnel lateral, Cuca você lidera esse grupo quando receber o sinal comece a entrar na comunidade, orelha em pé pode ter milicianos por perto quando vocês entrarem no morro. Eu vou lidera os outros 100 soldados vão entrar pelo túnel principal que dar acesso a base dos milicianos, e os outros 70 soldados pela entrada principal da favela, são vocês que vão começar o ataque pra distrair os milicianos, Dedé você comanda esse grupo irmão.

—pode crer deixar comigo paplo vou passar o cerol em milícia.

—Pablo eu vou com você nesse grupo.

—o senhor que manda patrão.

—eu também, o Navalhada e o Jacaré também vão.

—pode crer Pepeu.

—eu quero ser o primeiro a meter uma bala na testa daquele comandante miliciano.

—Verônica você fica atrás de mim.

—sim Pablo.

—cuidado querida.

—pode deixar.

—por mim você não iria.

— relaxar paplo, vai dar tudo certo.

—careca você fica na área pra defender o Turano.

—beleza patrão, mata uns alemão por mim.

—370 soldados do movimento armado até os dentes partiram em direção ao morro do chapéu, os moradores acordaram com o barulho das balas traçante dos aliados das facções.

—Dedé.

—fala parceiro, geral começou o ataque nos milícias.

—pode crer Dedé.

—cuca tá me ouvindo?

—tou na escuta Pablo, estamos no túnel pronto pra entrar.

—é nós parceiro pode entrar e assumir as posições.

— copiei a mensagem.

— agora é com agente pessoal vamos invadir.

—comandante Torres eles estão invadindo.

—desgraçados quem teve a coragem

—q.a.p soldado miliciano?

—na escuta comandante prossiga

—quem está invadindo?

—traficantes do Turano q.s.l.

—continua mantendo a posição q.s.l.

— positivo cambio desligo.

—Paulo são os malditos traficantes do Turano por essa eu não esperava, os vagabundos do Pepeu estão unidos com eles. Vamos logo pega esses fuzis e vamos sair daqui pra lutar meu amigo.

— sim comandante.

—me passa esse 762, rápido miliciano a coisa tá feia pro nosso lado.

—o que você tá vendo Pablo?

—uma pequena movimentação logo na frente Pepeu.

—vamos logo se espalhem que o comandante tá dentro da casa pronto pra sair.

—vai na frente Pepeu você conhecer melhor a área.

—Navalhada, Jacaré venham comigo.

— tamo com o senhor patrão.

—a nossa base é aquela vamos cercar, o maldito deve tá dentro de tocaia.

Pelo outro túnel os soldados comandados pelo Cuca avançavam as posições dentro da favela, aos poucos iam matando os milicianos e ganhando território.

—malditos traficantes estão matando muitos dos nossos.

—atirem seus desgraçados a milícia não nunca vai se render.

— sai daí De Menor você é um alvo fácil moleque.

—não consigo Cuca, se eu sair agora às balas vão me atingir.

—sai daí moleque senão tu vai morrer.

—desgraçados acertaram meu braço cuca.

—calma Menor fica no chão, vou tirar você daí.

—ai, ai, ai, malditos o meu braço tá sangrando muito.

—me dar cobertura soldado, vou pegar o De Menor.

—vai logo Cuca.

De Menor foi atingindo no braço, se Cuca demorasse a resgata-lo poderia ser seu fim, com coragem de um guerreiro saiu no meio do fogo cruzado.

—abaixar aí moleque tou aqui pra te ajudar.

—caramba Cuca os malditos acertaram meu braço tá sagrando muito vou morrer.

—calmo moleque tu é forte, vamos sair dessa.

—vou rasgar minha camisa e fazer um torniquete em seu braço pra estancar o sangramento.

—valeu irmão, vai logo que não tou aguentando tanta dor.

Os milicianos tinham caído em uma arapuca, a maioria foi defender a entrada principal do morro deixando o centro descoberto, foi prato cheio pra facção entrar pelos túneis sem ser percebida, só faltava tomar a base onde estavam o comandante Torres, Paulo e uns 20 milicianos, Pablo, Verônica, Sacola, Pepeu, Jacaré, e Navalhada e os outros cercaram a base dos milicianos, esperando o momento certo, o primeiro que sair levara uma rajada de fuzil no peito.

—pessoal geral vai fazer o cerco na casa e quando o primeiro sair vai levar tiro.

Pode crer Pepeu.

—atenção pessoal eles vão sair atentos que pode ter traficantes por perto, carreguem seus fuzis que a guerra vai ser decisiva. Quando o primeiro miliciano saiu da base foi metralhado pelo Navalhada.

—acertei ele Pepeu.

—o que foi isso Paulo os traficantes metralharam um dos nossos.

— comandante Torres os miseráveis estão perto de nós.

—malditos, sair atirando senão vamos todos morrer aqui nessa casa. Vocês quando saírem se espalhem e atirem nos traficantes.

—olhar lá Sacola eles vão sair.

—tou ligado Pablo agora é nossa hora.

—o comandante deixar comigo, o fim do miserável tá chegando.

—pode crer Pepeu.

Os milicianos saíram da casa protegendo-se com coletes e escudos militares, cinco caíram mortos no chão o restante se espalhou e o confronto continuou.

—Paulo os traficantes são muitos.

—sim comandante os malditos parecem o exército, temos poucas chances de sair vivo dessa.

—para de reclamar atira nesses malditos, ou senão vamos morrer fácil.

—Dedé tá me ouvindo.

—positivo Pablo.

—qual é a situação na entrada.

—Pablo, avançamos o bonde, tá ligado.

—pode crer copiei a mensagem, continuem a ofensiva.

—é nós irmão o bonde não brincar em serviço alemão tá caindo aos meus pés.

—atento Cuca.

— na escuta parceiro.

—a situação do túnel lateral.

pô parceiro os amigos tão quase dominando a área, alguns milicianos ainda resistem, nosso soldado Menor foi atingido no braço.

—pô irmão noticia triste.

—mas o moleque é do conceito tou dando uma força pra ele, tamo saindo da área do confronto.

—copiei a mensagem cuca qualquer coisa retorna a mensagem.

—positivo copiei a mensagem.

— segura bem forte no meu pescoço De Menor que vou tirar você daqui.

—sim Cuca eu vou abraçar você, me tirar logo daqui parceiro que tou quase desmaiando.

—força moleque logo vamos tá em casa.

—ouviu e mensagem sacola.

—sim balearam o De Menor.

— o Cuca tá com o moleque, dando assistência.

—beleza o Cuca é do conceito, vai tirar o moleque dessa.

Paulo esses malditos traficantes querem fumar com a nossa cartola, mas não vão conseguir. Você me dar cobertura atirando, que eu vou me abrigar naquela floresta pequena próxima de nós.

—certo comandante.

Próximo dos milicianos Torres e Paulo tinha uma floresta da montanha do morro do Chapéu, a mesma entrada que a milícia invadiu, o cerco dos traficantes estava se fechando, comandante torres acuado no momento de desespero tentou a última fuga pra montanha.

—vai comandante eu dou cobertura.

—valeu meu amigo você vem logo atrás.

no meio do fogo cruzado das balas traçantes torres conseguiu pegar fuga pro meio da floresta. Quando Paulo tentou segui-lo foi alvejado pelas costas por Verônica.

—olhar só patrão a Verônica acertou o maldito miliciano.

— pode crer Pablo essa mulher subiu no meu conceito, é mermão esse aqui já era.

— malditos traficantes mataram Paulo, tenho que sair logo desse buraco.

—Torres não sabia que o pior estava por vim, ele pensou que o perigo já tinha acabado pro seu lado, mas de onde menos se espera vem as piores balas, em um ponto da floresta acontece um disparo de fuzil.

—graças a Deus eu escapei dos traficantes, pensaram que iam me pegar.

—Pepeu levou paplo em um atalho que dava na frente do comandante Torres, um ponto em cima de uma pequena montanha, local ideal pra fazer um tiro perfeito a longa distancia. O mesmo fuzil que matou o deputado Tenório estava em seu poder pronto pra fazer a próxima vítima.

É dessa eu escapei, saí lucrando com minha conta no banco gorda de dinheiro, quem não for esperto dança rá, rá, rá, com essa grana no bolso, vou recomeçar os planos.

— você tem ele na mira Pablo?

—sim Pepeu, não me distrai que tou concentrado nesse tiro.

—mata o safado paplo.

—vai ser agora miliciano.

Com o fuzil de longo alcance com luneta e mira telescópica paplo deu dois tiros certeiros no peito do miliciano Torres.

—acertei o maldito, acertei Pepeu.

—ele morreu Pablo?

—não sei Pepeu.

— vamos lá se o maldito não morreu eu termino o serviço.

— miliciano Torres agonizava no chão quando se aproxima Pepeu e Pablo.

— olhar só Pablo que tá no chão como um rato morrendo, e aí Zé Ruela pensou que seria fácil assim chegar à nossa área e expulsar os amigos do movimento.

—escórias do mundo, malditos traficantes, seus malditos criminosos.

—agora quem tá em desvantagem aqui é tu rapa, falei que ia me vingar.

—seu traficante Zinho de merda eu sou coronel Torres da Polícia Militar carioca.

—o cara tá delirando Pepeu.

—vou acabar logo com isso, me passa essa 9 mm Pablo.

—toma aí Pepeu.

—perdeu Mané tu vai virar comida de urubu, até nunca mais milícia de merda.

Com o tiro de misericórdia Pepeu apagou o grande líder dos milicianos, o temido comandante Torres, ex-coronel da polícia militar, criador do esquadrão da morte "Abutre em Sangue". Muitos milicianos morreram no combate da facção contra milícia, alguns conseguiram fugir pelas montanhas. Depois de mais de um mês de domínio do morro do Chapéu, os milicianos foram expulsos pelas facções do Sacola e do Pepeu, o território voltou pras mãos do Pepeu do pó de inimigo virou um aliado do Sacola. Os soldados do tráfico comemoravam a conquista com tiros de fuzis pra cima.

—o Chapéu é nosso o chapéu é nosso pessoal.

—patrão tamo de volta na nossa casa, tou muito alegre, vou abraçar o senhor.

—pode crer Navalhada, vamos comemorar nossa vitória.

—o bonde da pesada matou os alemão, o rei do chapéu tá na área pra vender pros playboys tá ligado.

—é nós Pepeu.

—olhar lá patrão tá chegando a geral.

—meu amigo geral vai ter baile hoje pra comemorar a nossa volta.

—viva o movimento.

—viva o movimento.

—atenção geral o patrão que bater a letra pra vocês.

—valeu Jacaré

—amigos do movimento do Pepeu do Pó, quero manda um alô a vocês, nunca geral ia conseguir tomar nosso morro de volta, senão fosses os amigos do Turano, somos agora aliados pra sempre, e o que eles precisarem a facção do Pepeu tá com eles, queria agradecer a todos os amigos do movimento do Turano, mas em especial a meu amigo Sacola esse é do conceito.

Após os confrontos a paz voltou a reinar nos morros do Turano e Chapéu, enquanto isso no morro do Turano os amigos do movimento fazem uma visita ao soldado De Menor, ele se recupera na enfermaria da comunidade depois de ter recebido o tiro no braço.

—e ai moleque beleza, geral veio aqui visitar tu tá ligado.

— obrigado patrão quase dancei se não fosse o Cuca uma hora dessa eu tava embaixo da terra. Obrigado Cuca te devo uma.

—que nada Menor tenho certeza que você faria o mesmo por mim moleque, e lembro quando você veio o primeiro dia botando a maior marra pra querer falar com Sacola, o soldado queria botar você pra vazar, aí eu cheguei e falei com você lembrar-se disso?

— pô parceiro como poderia esquecer tu me deu toda a força pra falar com sacola pra entrar pro movimento.

—eu me lembro disso também o moleque De Menor já mostrava que tinha atitude, conceito no peito, aí eu falei pra ele que virar bandido moleque, essa é uma ida sem volta, ele falou eu encaro tudo.

—risos.

— valeu amigos pela visita, Sacola, Cuca, Dedé, Pablo e Careca. Ei cadê a Verônica Pablo?

—ela tá descansando na casa Menor.

—ei moleque De Menor ela matou um miliciano com uma rajada pelas costas, mulher é do conceito tá ligado.

— pode crer patrão a Verônica não recua no tiroteio. E o morro do Chapéu patrão?

—tomamos tudo, geral matou quase todas as milícias, o comandante maldito deles o Pablo e o Pepeu deu cabo no infeliz, agora a facção do Pepeu é nossa aliada.

—beleza patrão então a missão deu tudo certo.

—melhoras pá tu aí moleque, geral que tu voltes logo, enfermeira cuida bem do nosso amigo.

—obrigado meus amigos, logo Menor tá de volta.

—você é do conceito, soldado bom não morre fácil.

—pode crer Cuca.

—bora embora pessoal que tem muito trabalho hoje, a boca vai bomba.

—vocês vão lá pra baixo pra vender o bagulho, eu vou falar com a Verônica.

—vai lá Pablo traz nossa amiga pra gente.

—beleza patrão.

— Verônica, Verônica, sou eu, posso entrar?

—entra Pablo.

—por que você está chorando?

—Pablo estou me sentindo mal.

— o que foi meu amor?

—me abraça.

—me fala alguém te fez alguma coisa? E fala se fizeram eu vou lá e mato o miserável.

—não ninguém me fez nada, estou assim porque matei aquele miliciano.

—só por isso meu amor, o cara não prestava.

— eu sei, mas nunca eu tinha matado ninguém na minha vida.

— não acredito querida, você nunca matou ninguém?

—sim por isso que estou assim.

—agora entendo a primeira vez que agente mata é normal ficar assim, eu também fiquei com remorso quando matei pela primeira vez, mas não se preocupar meu amor tudo passar, eu estou aqui no seu lado.

na delegacia delegado coelho recebia a notícia sobre o morro do chapéu.

—delegado o informante de um morro próximo ao Turano, me passou a informação que Pepeu tomou de volta o morro do Chapéu, também disse que o comandante Torres aquele ex-coronel da polícia foi morto pelos traficantes.

—rapaz então expulsaram mesmo os milicianos e mataram "o Abutre Torres"?

—sim delegado.

—esse cara já matou muito bandido Souza.

—é doutor, mas agora esse é página virada, já era.

—Souza isso é uma ótima notícia, eles fizeram o trabalho da polícia.

—como assim doutor? Não entendi.

— estou falando que vai ficar mais fácil pra operação Colômbia invadir, tem menos bandido agora, já pensou se os milicianos tivessem ainda lá, a polícia ia ter muito trabalho.

—é mesmo doutor, uma quadrilha a menos.

—com certeza Souza

—e agora quando vamos começar a grande operação Colômbia nas favelas?

—te prepara meu amigo que a grande operação Colômbia está chegando ao seu grande final. E a mulher do informante morto que nos deu o mapa, você foi lá com ela? pra colocar ela no serviço de proteção.

—e esse serviço funciona doutor?

—agente tenta Souza, agente tenta.

—risos.

—sim doutor foi lá, mas a mulher pegou os filhos e sumiu.

—espero que a polícia mate esse traficante Sacola, pois se pegarem ele vivo vai ser julgado, essa mulher vai ter que servi de testemunha da morte do informante, sem nossa proteção os bandidos vão matar a pobre mulher.

— é mesmo doutor, mas que situação se encontrar essa mulher.

—ei cuca vamos dar uma volta na feira da comunidade.

—ok parceiro vamos lá que estou a fim de fazer umas coisas.

—ei cuca o cicatriz não deu as caras pela comunidade.

—é mesmo irmão, nem o maldito Gordo e o Cara de Lata, graças a ele que você conheceu a Verônica.

—pode crer foi mesmo, eu nem acreditei que aquela linda mulher loira era uma assaltante de bancos perigosa, o Dedé viu quando ela apontou as uzis em nossas caras, quase o bandido morre do coração.

—foi só ele é? Risos.

—ei parceiro e aquela parada de vocês vai rolar?

— sim irmão, nós logo vamos dar o fora dessa vida, você vem com agente não é?

—não sei ainda tenho que resolver uns lances.

—o convite continua.

—ei Pablo quem aquela mulher bonita ali na frente?

—que mulher Cuca onde você tá vendo essa mulher?

—aquela ali pô, perto da loja de roupas, de calça jeans e blusa preta com um livro na mão.

—agora estou vendo, é mesmo parceiro a gata é linda.

—quem será? Como é o nome dela?

—não sei, mas já vamos descobrir moleque vem aqui.

—tio, tio me deixa segurar seu fuzil, eu sei como segurar.

Carregar nada fuzil moleque, isso aqui não é brinquedo, um dia se tu crescer quem sabe segura um na comunidade, que ganha uma grana?

—sim quero.

Toma ai moleque, você vai fazer o seguinte tá vendo aquela mulher de calça jeans e camisa preta com o livro na mão?

— é aquela, vou lá já venho.

—vai lá e perguntar o nome dela, e depois vem aqui me fala.

—sim vou lá rapidinho.

—o moleque vai perguntar o nome dela Cuca, logo vamos saber quem é?

—ela e muito bonita Pablo.

—olha só meu amigo tá caído pela gata.

—risos.

—ela é a filha do pastor, o nome dela é Stela Maria.

—Stela Cuca o nome da garota é filha do pastor rapa.

—ela é evangélica pablo não vai querer papo com bandido.

—tem razão Cuca, além do mas o patrão disse que ninguém pode mexer com evangélicos, disse pra deixar eles em paz, que não fazem mal a ninguém. Pelo contrario muitos soldados que foram do movimento, como eles falam se converteram a religião deles, essa é a única saída que o patrão aceita soldado sair do movimento, a outra é morto.

—lógico Pablo eu jamais faria mal a qualquer pessoa que não fosse polícia ou traficante de facção rival tá ligado.

—se você tá pensando em ter alguma coisa com essa mulher pode esquecer, partir pra outro parceiro.

—é paplo pode crer, mas que ela é linda ela é. Vamos passar perto dela.

—ok depois vamos pra base.

Stela Maria a linda e meiga mulher evangélica filha do pastor mexeu com os sentimentos do Cuca, será se cuca um traficante perigoso pode se aproximar de Stela que tem princípios totalmente diferentes dos seus?

—vamos voltar pra base cuca.

—então quer dizer que ela é evangélica Pablo, viu ela olhou pra gente, acho que ficou assustada com os fuzis.

—parceiro o que você pensando em fazer olha lá rapa.

—não vou fazer nada pra moça Pablo, sou traficante não estuprador.

— sim com certeza, pois você sabe que o Sacola quer agente fique longe dos evangélicos, deixar os irmãos pregarem a bíblia em paz.

—pô Pablo quando você me falou do seu lance com a Verônica dei a maior força, agora quer me desanimar.

—pode crer parceiro você tem razão, desculpa, pode contar comigo se precisar.

— valeu Pablo, vamos volta logo pra base, o Sacola e os outros devem tá na boca vendendo.

A linda Stela Maria despertou um sentimento em Cuca, como será daqui pra frente com toda essa guerra, drogas e mortes? O destino pode está querendo aprontar com a menina? ou mostrar pra ele que apesar de todas as coisas erradas de sua vida, existe um caminho certo que devemos seguir.um assassino frio e cruel tem possibilidade de encontrar o caminho da luz, da verdade, Deus aproxima as pessoas boas das más, mostrando seu poder e mudando pra melhor.

—Pablo chega aí quero bater um papo contigo.

—beleza Cuca qual é o lance?

— parceiro passci a noite sem dormir pensando naquela mulher.

—olha só rapa tá caído pela gata.

—risos.

—hoje eu vou lá, se ela tiver por perto eu falo, mas não vou levar esse fuzil à gata pode ficar com medo, tou nem aí vou encanar um papo de frente com ela.

—pode crer cuca assim que tem que ser o homem de confiança do poderoso Sacola com medo que chegar junto da gata, assim não dar.

—qualé parceiro você que me zua, vou te jogar daqui de cima.

—kkkkk.

—você sabe que não, fico feliz por você, às vezes tem pessoas certas pra fazer mudanças importantes em nossas vidas.

—olha aí o cara tá filósofo, a Verônica tá mudando você parceiro.

—risos.

—pô parceiro falando na minha musa, descobri uma coisa dela.

—aconteceu alguma coisa com ela?

— não aconteceu nada, mas ela fez uma coisa que mexeu com o sentimento dela.

—fala logo Pablo o que foi.

—quando ela matou aquele miliciano ela ficou cabisbaixa.

—não acredito Pablo a Verônica e da pesada não ia ficar com remorso de ter matado um miliciano pilantra.

Eu sei disso parceiro, mas quando se mata pela primeira assim que ficamos.

—rapa ela nunca matou ninguém?

—sim, ela disse que participou de muitos assaltos, mas esse miliciano foi o primeiro que matou.

—agora entendo e sei como ela se sente, quando matei pela primeira vez foi à mesma coisa, ficava vendo a imagem do cara na minha frente, e pesadelos, mas claro que isso era coisa da minha cabeça, depois passou e não parei mais, matei um atrás do outro sem pena nem piedade.

—ei rapa tou dando uma volta lá na feira, vem comigo?

—eu sei pra onde você vai parceiro, dessa vez não.

—risos.

—segura esse fuzil pra mim, vou levar só a pistola.

—boa sorte na tua conquista, kkkkk.

—sai fora daqui rapa tu tá querendo me zua, risos.

Cuca desceu a rua em direção ao centro comercial da comunidade, sua intenção era encontrar a linda Stela Maria, doce morena bonita de olhos azuis, sempre estava na praça pregando a palavra Deus. Quando ele chegou próximo viu os evangélicos pregando no meio da praça, ficou sentado no banco da praça de longe olhando Stela e ouvindo os ensinamentos bíblicos, ele não esperava essa atitude, depois que acabou a pregação no meio da praça, veio em sua direção e cumprimentou dizendo a paz do altíssimo Deus todo poderoso esteja com você, e deu um papel com palavras bíblicas em sua mão. Meio sem jeito cuca disse a ela.

—obrigado.

—olá meu amigo, meu nome é Stela serva de Deus tenho a missão de ensinar as palavras sagrada de meu pai as pessoas que precisam da salvação do senhor Jesus, posso falar pra você?

—sim Stela fica a vontade, meu nome e Cuca.

—Cuca?

—alias me chamam assim desde criança meu nome verdadeiro é Carlos Eduardo.

—Carlos nós ensinamos as pessoas o caminho da salvação no senhor Jesus, não importa que nós façamos na vida, Jesus perdoa todos os nossos pecados, transforma nossas vidas e nos leva a salvação.

—você sabe quem eu sou?

—mais ou menos ontem vi você e mais outro com armas no lado, depois veio uma criança perguntar meu nome, ela disse que vocês mandaram perguntar.

—sim fomos nós mesmos, eu quis saber o seu nome. Achei você muito bonita Stela, porém não queria chegar perto de você com armas.

—beleza não é tudo nessa vida Carlos, antigamente minha vida era assim cercado de vaidades, Deus me mostrou coisas mais importantes.

—eu sou um traficante assassino, frio e cruel não tem medo de está perto de mim Stela?

—Carlos quem tem deus no coração não teme mal nenhum, Jesus andava no meio das piores pessoas mostrando a verdade e levando-as arrependimento e depois a salvação, os sãos não necessitam de médico, mas sim os doentes, se eu estou aqui agora pregando pra você é porque Deus quer você, está te dando uma oportunidade de mudar e tornar você testemunha de sua grandiosa gloria.

—Stela minha vida tá cheio de crimes nas costas, matei muitos durante esse tempo que entrei no tráfico de drogas.

— você pode ser a pior das pessoas, Deus vai te perdoar Carlos.

—obrigado Stela pelas palavras, preciso ir não quero que meus amigos me vejam muito aqui.

— antes de você ir Carlos deixo essas palavras do senhor Jesus pra você guardar no seu coração: venham a mim, todos que estais cansados e sobrecarregados, e eu vos aliviarei, tomai sobre vós o meu jugo e aprendei de mim, porque sou manso é humilde de coração; e acharei descanso para vossa alma.

— obrigado Stela vou nessa.

— Carlos todos os dias estamos aqui na praça, menos no domingo, se você quiser vim conservar comigo vai ser um prazer ouvi-lo.

—prazer foi meu, você foi à única que me ouviu de coração aberto, tenho muitas coisas pra falar pra você sobre minha vida, minha família, nunca falei isso pra ninguém.

—que Deus acompanhe você meu amigo.

Enquanto isso na Colômbia Cicatriz acertava os detalhes com Gordo e Cara-de- Lata, o transporte das drogas e das armas deveria ser feito sem levantar o mínimo de suspeita das autoridades brasileiras intenção do líder da Facção Carioca era embarcar 100 toneladas de cocaína pura, em um container cheio de armas de todos os tipos, a maior parte da droga iria de navio e uma pequena parte de avião que tinha como destino algumas fazendas do mato grosso, como o cerco tinha se fechado nas fronteiras e nos portos e aeroportos, o plano dele era entregar uma pequena parte como isca para distrair os federais, enquanto a maior parte passaria sem ser percebida.

—Gordo vamos logo com isso, tá atrasando o meu lado, isso já deveria está pronto.

—sim chefe logo nós vamos fechar o contrato do transporte com o comandante do navio, o restante vai ser transportado por aviões pequeno chegando seguro em nossas fazendas no

Mato Grosso, uma parte pequena vamos transportar pelos rios da Amazônia até Manaus depois pro Pará, esses lugares são grandes não tem como os federa pegarem. Agora a isca que vamos entregar pros federais vai ser transportada por um barco geleira, temos um informante da polícia que vai dizer ter conseguido a informação desse carregamento, quando eles caírem em cima do carregamento vai ter tempo suficiente pra passar o navio e chegar a Santos-SP com a carga segura.

— perfeito Gordo não pode haver falhas, essa vai ser a maior jogada da "F.C" no Brasil essa droga vai abastecer todo o Brasil e alguns países na América do Sul e Estados Unidos.

—onde tá o Cara- de- Lata?

—ele tá checando e contando as armas que vão ser embaladas no contêiner, estou louco pra que isso acabe cicatriz quero cair fora dessa selva colombiana e voltar logo pro Brasil.

Eu também Gordo, isso aqui só os guerrilheiros que gostam, escuta que vou te falar gordo de uma hora pra outras a guerrilha pode atacar o governo, ou o governo pode atacar eles, mas antes que isso aconteça temos que cair fora dessa selva meu amigo.

Você acha que os guerrilheiros podem sofrer ataques do exército colombiano e dos americanos?

—com certeza Gordo, meu amigo o clima aqui tá pesado, a guerrilha tá com todo o armamento russo de ponta, o numero de guerrilheiros quase triplicou, ou é agora ou nunca.

— ei Cicatriz tá sabendo que os milicianos tomaram o morro do Chapéu? E que depois sacola se uniu com Pepeu e expulsaram os malditos do morro?

—sim você tinha me falado, mais isso é um problema pequeno, nem quis me preocupar, as nossas atenções tem que tá em cima do transporte da droga. O resto é galho fraco a "F.C" resolve depois.

—olha aí o Cara- de- Lata tá chegando na área.

—conferiu todo o armamento Cara- de- Lata?

—todo em ordem Cicatriz, só arma de primeira, meus amigos essa tecnologia vai bomba no Brasil, e os fuzis ar15 com lanças granadas, os soldados do movimento vão explodir os canas em pedaços.

— risos

—ei vocês dois vamos ficar atento que logo vamos cair fora daqui, fiquem espertos.

— deixar com agente chefe.

—essa vai ser nossa grande tacada contra os federais.

—e aí parceiro já voltou e como foi seu encontro com a gata?

—falei com ela Pablo fiquei de cara com a menina muito legal parceiro ela é bem educada e inteligente a Stela Maria, falou um pouco de sua vida e também me falou palavras da bíblia, não conseguia parar de olha pro seu lindo rostinho.

— e a garota não ficou com medo quando descobriu que você era um traficante?

—que nada paplo a menina é de fibra, disse na minha frente que tem deus no coração e não teme mal nenhum.

—paplo essas pessoas cristãs como você fala, tem dentro uma determinação no que acreditam.

— parceiro é o Espirito Santo como eles dizem, minha tia é evangélica eu cresci ouvindo os ensinamentos bíblicos, mas acabei caindo no lado da maldade. Você falou tudo o que faz?

—falamos alguma coisa sobre o assunto, não demorei muito, algo me empurrava pra longe dela, teve uma hora que eu tive a sensação que alguém estava me vigiando, pensei que podia ser algum soldado do movimento, eu cai fora pra não ser visto por ninguém.

— não esquenta parceiro vocês ainda vão se encontrar, tenho certeza.

—morre o papo, o Sacola tá vindo.

— e aí meus soldados da elite, Cuca e Pablo que tão armando?

—nada não patrão tamo curtindo os dias de vitória do morro do Chapéu, nossas vendas vão subir com a aliança com o Pepeu.

—pode crer Pablo vocês tinham razão ficou melhor o Pepeu no nosso lado do que contra nós, aí Cuca que cara é essa rapa?

— não é nada patrão estou pensando aqui no nosso moleque Menor.

—pode crer parceiro te devo mais uma, salvou o moleque do fogo cruzado. Senão fosse você já era, ia tombar no chão.

—salvei o moleque por que ele é do conceito, faria isso por qualquer um de vocês.

— Pablo por isso que adoro esse Cuca. Sempre me servindo.

—mas isso é passado tenho noticia boa pra geral, moleque De Menor sai hoje da enfermaria.

—é mesmo patrão? Pode crer.

—sim Pablo o moleque sai da enfermaria da comunidade hoje, falei com a doutora disse que o moleque vai ser liberado.

—então bora comemorar.

—você tem razão Cuca, hoje geral vai ter um baile na quadra, sexta a venda na boca aumenta e o baile corre solto.

—risos

— e o Cicatriz não deu noticias Sacola?

— esse desgraçado sumiu Pablo, deve tá dando as caras logo pela comunidade, a última vez que falei com o maldito Gordo me disse que o lance que eles iam trazer era grande, a parada dessa vez é sinistra, falou que não pode haver erros, o bagulho é grande, vai abastecer todo o Brasil e alguns países, mermão o Cica não brinca em serviço parceiro, agora vai ser "o novo rei do pó". O Gordo falou que tá trazendo uns brinquedinhos melhor do que o do Rambo, se essas armas chegar às mãos da geral, nós vamos explodir toda a samangada tá ligado.

—pode crer Sacola, então todo esse tempo que o Cicatriz passou na Colômbia negociando com os guerrilheiros, foi pra levantar de vez a "F.C".

— entendeu o espirito da coisa Cuca, ou o barco segue viagem ao sucesso ou afunda de uma vez. Esse Cicatriz e desgraçado, o maldito nasceu pra liderar o crime organizado se ele falou que vai nos tirar dessa, confio totalmente no malandro.

— então temos que deixar os morros preparados pra receber todas as entregas.

— é isso ai Cuca, por isso que logo mais vou falar com nosso aliado Pepeu, pra preparar a área. Vigilância 100 por cento, aqui também ouviu Cuca, Pablo?

—sim patrão deixar com agente.

—eu tou com fome vamos à lanchonete comer alguma coisa.

— quem vai pagar?

— é por conta da "F.C".

—kkkkk.

—e desde quando o sacola paga alguma coisa na comunidade, pago sim mermão, não é porque sou dono do Turano que tiro proveito, vou mostrar pra vocês, e tão falando muito, bora logo pegar esse rango.

—risos.

—Navalhada quero bater e letra pá tu, nosso morro ficou muito melhor depois da guerra contra as milícias, comunidade reconhece que melhor o movimento dominar o morro do que milícia.

—o senhor tem razão patrão, falei com aquele comerciante disse que ficou feliz com a volta do movimento no morro.

— que comerciante rapa?

— aquele velho que tem o comércio grande perto da feira.

—tou antenado sei quem é o seu Correa, o velho pão duro.

—kkkkk.

—patrão o senhor não sabe que o comandante das milícias fez com o velho, meteu a pancada nele, pois não quis pagar 30 por cento da sua venda, colocou a pistola na boca dele.

—esse maldito queria se dar bem do dia pra noite, mas agora o maldito tá no inferno, agora comunidade sabe que é melhor nós aqui do que neguinho que faz coisa pior.

—pode crer Pepeu.

—os malditos destruíram toda a nossa base, vamos ter que construir e comprar tudo de novo navalhada.

—encomenda umas televisões de última geração, bebidas importadas, e móveis estilo italiano, e uma banheira nova de hidro massagem que aquela os malditos quebraram, também manda fazer outra churrasqueira que essa não presta tá cheio de buracos de balas.

—caramba patrão por que todo esse luxo?

—o dono do Chapéu tem que ter todo o conforto Navalhada, você viu a base do Sacola tem tudo do melhor, agente não pode ficar por baixo com coisas velhas tá ligado.

— vou contratar um arquiteto pra dar um grau na nossa base.

— pode crer patrão chama aquele que fez Brasília.

—risos.

— onde tá o Jacaré?

—ele tá gerenciando a venda na boca.

—e como tá a venda Navalhada?

—tá alto patrão depois da tomada do morro playboyzada tá viciado no bagulho, vamos vender toneladas do produto.

—tá sabendo que o Cicatriz vai trazer um grande carregamento pro Brasil?

—sim tou ligado ouvi o boato correr em meus ouvidos.

—o Sacola que disse que vamos fazer parte nessa venda com eles, o mercado no chapéu vai bomba Navalhada, acho que esses milicianos fizeram foi bem invadir o chapéu.

—como patrão? Não tou entendendo o senhor, achou bom agente sair correndo do morro à bala?

—não é isso Zé Ruela, vou te explicar. Senão fosse os milicianos expulsar a gente nunca teríamos o Sacola como aliado.

— agora entendi patrão

—caiu a ficha Navalhada? Risos.

— pode crer chefe.

Atenção geral, quero agradecer a todos que participaram da tomada do morro do chapéu, mas reuni vocês aqui pra dar uma boa notícia, o Menor aquele moleque do conceito tá volta, entra aí De Menor.

—pode crer o moleque é casca dura, voltou mesmo me dar um abraço.

—pô irmão cuidado com meu braço.

—foi mal De Menor.

—não esquenta, valeu Careca pela recepção, alias agradeço todos vocês pela força, mas agradeço de grande coração ao nosso Cuca, soldado da elite que se fosse ele uma hora dessa eu estava na terra dos pés juntos

—kkkk pode crer essa foi boa moleque.

—gostou Careca da terra dos pés juntos? Fica de orelha em pé senão você vai pra lá.

— eu não, vira essa sua boca pra lá, quero é viver muito tá ligado.

—kkkkk.

—e aí Menor o braço tá melhor?

—um pouco Cuca, eu não posso segura o fuzil.

—mais com tempo volta ao normal, lembro que um dos nossos soldados levou um tiro no braço também demorou uns meses pra voltar 100 por cento.

—você tem razão foi isso que o médico falou.

—não esquenta De Menor você vai ficar esse mês na venda de olho nos nossos vendedores, só administrando.

—obrigado patrão.

—olhai pessoal o moleque virou gerente de venda da boca.

— risos.

—que nada Pablo, meu lance é ser soldado da elite, não levo jeito pra esse negocio de administrar, eu quero é mete fogo nos alemão.

—logo você vai tá de volta moleque.

—pode crer patrão espero voltar logo.

— e aí De Menor você tá bem? Escapou bem da batalha contra os milicianos.

—sim Verônica, graças nosso amigo Cuca o cara é um herói.

—mas o importante que você tá bem De Menor.

—obrigado Verônica, ei tou sabendo que você matou o miliciano com uma rajada de uzi na costa do desgraçado.

—foi mesmo ele tentou fugir atrás do maldito comandante miliciano, foi quando apertei o gatilho foi certo na costa dele, tombou no chão e caiu morto.

—pode crer por isso que vencemos temos os melhores soldados.

— é isso aí De Menor.

— então vamos deixar de papo e toda mundo nos seus postos, que a boca não para.

—é mesmo o Sacola tem razão.

Cicatriz continuava na Colômbia preparando o carregamento de drogas e armas pra trazer pro Brasil, ele sabia que essa era a jogada decisiva pra levantar a Facção Carioca tinha pela frente um grande obstáculo, a Operação Colômbia, pra isso dar tudo certo ele tinha que eliminar o seu inimigo principal, o delegado Campos o responsável pelo crescimento da Operação Colômbia, quase dois anos a frente da operação ele tinha conseguindo apreender toneladas de drogas, armas, fechando vários pontos de venda. Os únicos ponto forte que a polícia ainda não tinha fechado eram os morros do Turano e Chapéu, esses lugares eram bem protegidos por traficantes fortemente armados, pra serem tomados necessitariam do poder das polícias, e das forças armadas.

—alô.

— aqui é o Machado Vingador

—quem vai morrer Machado Vingador?

—delegado Campos da Polícia Federal.

—sim senhor, seja feito como o senhor deseja.

Mais uma vez O Machado Vingador sai das sombras pra eliminar um grande inimigo da "F.C" desde vez o alvo seria o delegado Campos da Polícia Federal, responsável pela grande operação Colômbia.

—ei Cuca chega aí quero bate um papo com tu.

—pode falar patrão.

—O Machado Vingador que eliminar o delegado Campos da Polícia Federal.

—um delegado da federal o negócio pesa Sacola.

— pode crer Cuca, mas é ordem do chefão, não podemos dizer não tá ligado.

— pode crer tou ligado, você quer que eu faça o serviço?

—não rapa, o gerente da F.C que me ligou disse quer que o serviço seja feito, mas não escolheu ninguém.

—então Sacola se ele não escolheu ninguém pra matar o delegado, quem você vai escolher?

—tou pensando em escolher o Pepeu, pra ver se realmente ele é do conceito, se conseguir cumprir a missão, vai fazer parte da venda da droga que vem da Colômbia, além do mais ele deve essa pra nós.

— muito bom tua escolha Sacola, ele deve uma pra facção, essa é a hora dele pagar.

—mas vou mandar uns dos nossos pra dá apoio, e pra ver se a parada vai direito.

—quem você vai mandar?

—o Dedé vai dar apoio.

— pode crer Sacola o Dedé conhece bem esse tipo de serviço quando matei o deputado Tenório, ele que me deu suporte na missão.

—tá feito então, o Pepeu vai apagar o delegado com apoio do Dedé.

—passa o radio pro Careca vim falar comigo.

—beleza patrão, Careca na escuta?

— positivo parceiro, qualé o papo?

—chega na área que Sacola bater uma letra com tu.

—positivo tou chegando cambio desligo.

— pronto patrão tou aqui.

— qualé a missão?

—Careca tu vai na área do Pepeu e dizer pra ele vim urgente que quero bater um papo sério com ele, tá ligado soldado?

— pode crer sacola já é então.

Careca saiu em direção ao morro do chapéu pra encontrar o Pepeu do Pó, a missão de matar o delegado federal era sua responsabilidade, no meio do crime organizado se pagar um favor com outro maior, agora é a vez do Pepeu do pó mostrar sua lealdade com a Facção Carioca, no meio do crime organizado receber uma ordem do Machado Vingador é uma honra que poucos tinham esse privilégio. Sacola sabia que a missão era difícil, porém o Pepeu era o mais qualificado para o serviço. O tempo era curto e eles tinham que abrir caminho matando o delegado Campos, durante esses anos esse grande homem da lei foi o braço forte contra os criminosos, vai ser fogo contra fogo.

—fala Jacaré cadê teu patrão?

— beleza Careca o chefe tá na base.

—qualé o papo?

— Sacola que bater um papo com ele, o assunto é urgente.

— beleza Careca eu vou bater a letra pra ele.

—vou nessa então.

—Pepeu o Sacola que bate uma letra com tu.

—ele não falou qualé o lance Jacaré?

—não patrão o Careca que trouxe a mensagem só disse que era urgente.

—pode crer então vamos lá.

Vem chumbo grosso pela frente a missão de matar o delegado Campos não vai ser fácil pro Pepeu, ordem do machado vingador é única, vai e não volta, tem que ser executada rápida.

—chega aí parceiro quero bater uma letra com tu.

—pode crer Sacola, pode contar comigo.

—vamos toma um trago tá afim?

—logico é uísque?

—sim esse e dos bons, do estrangeiro, Escócia.

—é parceiro agora podemos falar de negócios.

—chamei tu aqui por que é o único capaz de executar essa missão a mando do Machado Vingador.

—a mando do Machado Vingador, então a parada é sinistra?

— pode crer Pepeu, por isso não vou mandar qualquer um na missão, tem que ser tu rapa o mais preparado.

—parceiro pode contar comigo, te devo uma.

— é eu sei por isso que te chamei.

—mais qualé o lance?

— matar o delegado Campos da Polícia Federal.

—eu sei quem é aquele maldito que tá matando nossas vendas.

—é esse mesmo Pepeu, O Machado Vingador que ele fora do mapa antes do carregamento chegar. E você já sabe todos vamos vender essa droga, geral vai lucra rios de dinheiro.

—pode contar comigo Sacola, quando posso matar o maldito?

—tem uma semana pra fazer o serviço.

— deixar comigo.

—o Dedé vai com você nessa missão.

—vou levar uns dos meus.

—quem tu vai levar?

—o Jacaré.

—e aí parceiro qualé o papo que o Sacola queria com você?

—O Machado Vingador que a cabeça do delegado Campos em uma bandeja.

—a parada é seria Cuca um federa parceiro pesa.

—pode crer Pablo.

— e você vai matar o cana?

— dessa vez não, quem vai fazer esse serviço é o Pepeu.

—o Pepeu do Pó agora vai pagar a divida com o Sacola.

Sim isso mesmo, e também o morro do Chapéu vai vender a droga que o Cicatriz vai trazer da Colômbia antigo fornecedor do Pepeu tá em cana na Polícia Federal, fiquei feliz por não fazer esse serviço Pablo.

—olha aí cara o assassino profissional não quer mais matar pra Facção Carioca.

—chega uma hora que agente cansa de tudo isso, queria era tirar umas férias.

—ao lado da Stela.

—risos.

—disse tudo Pablo, não tem coisa melhor, ei amigo tu viu ela hoje?

—não Cuca, mas você sabe onde encontrar a donzela.

—risos.

—sabe de uma coisa você tem razão vou à praça ver se vejo aqueles lindos olhos azuis, vêm comigo?

— vou com você, quando encontrar ela eu volto.

—então vamos nessa.

O sentimento do Cuca pela linda Stela aumentava a cada dia, quem diria o maior assassino da facção do Sacola agora pode está pegando outro caminho? Isso só tempo dirá, chegando os dois perto a praça a viram pregando perto do coreto.

—olha ela ali Pablo.

— sim é ela mesma parceiro, você está em boas mãos vou cair fora.

—valeu Pablo, se o Sacola perguntar por mim diz que estou fazendo umas paradas aqui.

—não esquenta Cuca faço a cobertura pra você.

Cuca se aproximar da praça, senta no banco perto do coreto e ouvia os hinos de louvor a Deus, a pregação dos evangélicos estava abençoada por Deus, muitas pessoas ao redor do coreto cantavam adorando a Deus, um clima de alegria e paz envolveu aquele assassino que em um momento viu-se cair de seu rosto uma lágrima, é amigos o poder de Deus é maior que tudo no mundo, no primeiro momento ele não entendia por que aquilo estava acontecendo, pela primeira vez em anos sentiu a paz reinar em seu coração coberto de sangue e maldades que fez as suas vítimas. No final da adoração na praça mais uma vez a Stela mulher de Deus se aproximou dele e o cumprimentou.

—olá meu amigo Carlos tudo bem? Você ouviu nossa adoração ao Deus todo poderoso?

— sim Stela eu estava ouvindo vocês aqui e me senti bem.

—isso é o poder Deus Carlos ele está acima de tudo e todos.

—sim eu sei hoje ele me livrou de uma que eu não queria fazer.

— ele está mudando sua vida aos poucos sem você perceber.

—pensei que o Sacola queria que eu matasse uma pessoa, mais não dessa vez consegui escapar dessa.

—é Deus meu amigo que não quer que você faça mais maldades, segui o caminho da verdade, reto e integro perante ele.

—Stela eu posso conversar com você?

—lógico Carlos.

— queria falar da minha vida, tudo o que aconteceu tudo que fiz de errado esse tempo. Sinto falta da minha mãe, nunca mais tive noticias dela nem sei se ela tá viva.

—porque você nunca procurou?

—não tive coragem, depois que virei traficante não queria que ela me visse, um filho bandido parte o coração de mãe.

— entendo você Carlos, porém mãe ama seu filho seja ele como for amor de mãe é verdadeiro.

—eu sei.

— e seu pai?

— há esse nunca prestou, na verdade Stela meus pais verdadeiros eu nunca conheci, fui adotado por esse casal quando eu tinha cinco anos de idade, família de classe media de excelente situação, tive uma boa educação, mais depois de um tempo meu pai começou a beber e virou um alcoólatra e maltratava minha mãe e me batia aquele verme maldito, eu apanhava muito, quando cresci comecei a conhecer jovens de classe media como eu, sem necessidade, mas por diversão agente roubava carros pra passear pela cidade, tocas fitas, pneus, tudo agente roubava dos carros, só pra curtir com o dinheiro do roubo.

Quando agente é jovem não pensamos nas consequências, no começo agente não roubava de mão armada era puxar veículos como falavam, abríamos os carros com chaves mestres e fazia ligação direta íamos embora com o carro roubado, por que isso? Se eu tinha tudo em casa, nunca faltou nada, tive boa educação, estudei nos melhores colégios do Rio, não sei de dizer Stela por fazia isso, mas acho que faltou o principal o amor do meu pai. Tinha um amigo que apareceu com uma arma pra eu guardar pra ele, me deu e eu coloquei na cintura, fui roubar outro carro, quando abrir o carro e estava fazendo ligação direta pra fugir com o veiculo o dono chegou na hora, o cara era muito forte, me tirou do carro e começou a me chutar e dar socos, foi nessa hora que lembrei que eu tinha comigo a arma do meu amigo, puxei o resolver e dei um tiro no peito do cara, não queria fazer isso, porém num momento de desespero não sabia o que fazer, fiquei em pânico quando vi o homem cair na minha frente agonizando, eu saí correndo e sumi pelo Rio de Janeiro, peguei a arma joguei no mar, essa foi a primeira pessoa que eu matei na vida. Tive sorte que ninguém me reconheceu, nessa época cu tinha 15 anos, continuei fazendo as mesmas coisas, mais depois que de aconteceu passei a andar armado.

Nossa quadrilha juvenil ficou muito perigosa com pistolas automáticas, agente parava os carros perto de casas pessoas ricos e no momento certo invadíamos e roubávamos tudo do cofre: dinheiro, joias, quadros de arte. O que impressiona Stela é que todos os ladrões eram filhos de ricos, as pessoas pensam que só os pobres são ladrões, quando nem sempre, nós éramos exceções, filhinhos de ricos que estudavam nos melhores colégios do Rio, que por trás faziam todos os tipos de roubos, tinha um amigo Stela que o pai dele era uns dos melhores advogados da época, o Charles roubava por diversão, ele dizia: eu gosto da adrenalina, depois começou a mexer com coisas mais pesadas assaltos a bancos, acabou morto pela policia num assalto a uma agência, os meus outros amigos foram presos, e eu conseguir fugir do cerco da polícia, não tinha pra onde me esconder, foi ai que eu pensei nos morros, não sabia qual, aí pensei no Turano que era grande não tinha como os canas me acharem aqui, quando eu cheguei o Sacola ficou desconfiado e mandou os soldados me prenderem pensando que era sujeira, eu falei pra ele que eu queria fazer parte do movimento, todos me olharam com cara feia por eu ser diferente deles, educado com boa aparência, e chamavam playboyzinho filhinho do papai cai fora daqui, teu lugar não é aqui, volta lá pra tua casinha de ouro, todos me discriminavam pois eu era diferente deles, menos o Sacola, ele foi que me deu uma chance dentro do movimento. Meu primeiro teste pra entrar na facção foi matar um cara que devia grana pro movimento, Sacola disse: aí playboy que mostrar que tu é do conceito rapa, aqui não tem moleza, pra entrar pro bando tu vai ter que ser capaz tá ligado, tenho uma missão pá tu matar esse cara e voltar, aí sim vai fazer parte da facção do Sacola, foi moleza eu tinha todas as informações do cara, endereço, por onde ele andava, horário, fiz melhor pra não levantar suspeita entrei na casa da vítima com uma chave mestre e quando ele abriu a porta do quarto dei um tiro na cabeça dele, a arma tinha um silenciador ninguém ouviu nada, limpei a cena do crime pra não deixar pistas e roubei umas coisas pra simular um roubo e sumi pro morro do Turano.

No outro dia saiu no jornal empresário é morto por assaltantes em sua casa. o Sacola viu a notícia e gostou da maneira como matei o cara, serviço rápido sem deixar pistas, aí foi o começo pra mim entrar pro movimento e se tornar o matador oficial da facção, dizem que já matei mais de 100 pessoas, já matei muitos porém não foram tantos assim Stela.

—Carlos todo esse tempo sua vida foi cercada de maldades, mas Jesus vai livrar você do caminho das trevas.

—eu sei Stela, acho que hoje ele me livrou de matar mais uma pessoa, um delegado de polícia.

—Carlos minha vida também nem sempre foi no caminho do senhor Jesus, meu pai era dono de uma rede de farmácias, minha mãe trabalhava com ele, nossa vida era mil maravilhas, dinheiro, luxo e viagens para Europa, aparentemente, eles sempre brigavam, meu pai tinha varias amantes, minha mãe também, nosso lar era uma guerra, os negócios iam bem, os problemas ficavam dentro de casa, no trabalho a rede de farmácias eram bem administradas bem pelos meus pais, mas meu pai começou a frequentar casas de jogos de azais, foi o começo da nossa falência, começou a passar noites jogando, até o vicio de o jogo tomar conta da sua vida, começou a aparecer dividas e mais divida, minha mãe começou a ficar desesperada com a situação da rede de farmácia, fomos vendendo uma por uma pra pagar as dividas do meu pai, por último ficamos com a nossa casa, foi por pouco tempo as dividas eram muitas, não conseguimos o dinheiro pra pagar, depois veio o pior perdemos nossa única casa.

E agora pra onde iriamos morar, fomos morar na casa de uma tia irmã de minha mãe, porém não deu pra fica muito tempo lá, a família dela era grande, pra piorar meu pai virou alcoólatra e chegava de madrugada querendo quebrar tudo, era um inferno nossa vida depois da falência, fomos morar de favor na casa de um irmão mais novo do papai, fomos expulsos de lá por que um dia 4 homens armados apareceram lá procurando meu pai pra cobrar uma divida de jogo, graças a Deus ele não estava, vieram pra matar meu pai, quebraram quase tudo na casa do meu tio, ele não quis mais ninguém morando com ele. Eu chorava muito não entendia por que nossa vida estava daquele jeito, o mundo tinha caído em nossas cabeças, eu culpava meu pai, minha mãe, todas as pessoas do mundo pra mim não prestavam, começou a criar dentro de mim ódio da vida, queria me matar, tentei tomar uma dose excessiva de calmantes com bebida alcoólica pra morrer, graças a Deus não consegui, uma amiga me levou ao hospital e rápido os médicos me salvaram, acordei depois em uma cama de hospital toda marcada, com dores na minha cabeça, e ferida pelo corpo. Fiquei olhando ao meu redor pra entender o que tinha acontecido, foi quando chegou o médico examinou os meus olhos e me perguntou como eu me sentia.

—Stela o que fez menina, você tentou se matar tomando uma dose excessiva de calmante. Por pouco não morreu, você é jovem bonita tem uma vida inteira pela frente.

— obrigado por me salvar doutor.

—agradeça a Deus também, trabalhamos rápido pra reanimar você, pensei que morreria, conseguimos graças a deus.

—mais uma vez obrigado doutor, onde estão meus pais?

— sua mãe está aqui no lado, já vai entrar pra visitar você, pensa bem menina eu sei que temos muitos problemas na vida, mais pra tudo tem solução, vou chamar sua mãe agora.

—senhora pode entrar.

— minha filha você está bem graças a Deus.

—mãe me abraçar.

—oh minha filha eu te amo, pensei que ia perder você.

—e o papai?

—ele ficou em casa não conseguiu vim, ele sentiu-se culpado por tudo que aconteceu com você.

—ninguém é culpado, vamos voltar a ser uma família mãe.

—sim minha filha querida.

—e quando eu saí do hospital Carlos comecei a andar sem rumo pela cidade, foi quando ouvi pessoas cantando hinos de adoração numa igreja, comecei a sentir algo dentro de mim que me chamava pra entrar naquele lugar, eu sentia que ali tinha paz e felicidade, as vozes começavam aumentar é o poder levantava minha autoestima, num momento esqueci todas as coisas tristes, aquele momento era o senhor Jesus mostrando o caminho, eu comecei a andar em direção à igreja, quando entrei vi varias pessoas cantando com lágrimas nos olhos, mas por dentro felizes adorando a Deus. Quando o pastor falou você pensar que sua vida não tem solução, olhar pra mim tem um Deus que é, mas poderoso que tudo, o rei dos reis, o leão da tribo de Judá, o senhor Jesus, vem até aqui nesse altar e entregar sua vida a Jesus, se você crer faça isso agora.

As pessoas começaram a andar pra perto do altar e se ajoelhavam, eu também não quis perder tempo, senti que aquele homem falava era vindo de Deus.

Comecei a andar e quando cheguei ao altar me ajoelhei, comecei a chorar, pedindo perdão por todas as coisas erradas da minha vida, o senhor Jesus me perdoou e enxugou minhas lágrimas. Quando o culto acabou voltei pra casa encontrei meus pais, falei pra eles que tinha ido a uma igreja e senti paz, felicidade, o senhor Jesus ia nos ajudar a sair daquela vida maldita que o mal queria pra gente. Falei vamos lá pai, mãe, vamos logo vocês vão conhecer o grande Deus que vai mudar nossas vidas. Carlos no outro dia eu e meus pais fomos juntos aos braços do grande Deus. Quando meus pais chegaram lá sentiram a mesma paz que eu tinha sentido, deus tinha preparado a casa dele pra receber aquelas pessoas infelizes e pecadoras, meus pais aceitaram na hora o senhor Jesus, o poder de Deus fez meu pai um pastor, um ganhador de almas pro senhor. Deus livrou meu pai dos vícios, das amantes, minha mãe também, eu fui curada da depressão, não tomava mais remédios, meu pai conseguiu pagar as dividas, se livrou das pessoas que queriam mata-lo, montou outro negócio que minha mãe toma contar, não quis fazer mais nada, só servi ao senhor como pastor ganhador de almas pra Jesus.

Carlos viu como minha vida era antes de conhecer o senhor Jesus? Eu achava que não tinha solução, o senhor me mostrou o caminho, você também pode conhecer ele Carlos, não deixe o mal tomar conta de sua vida, força diga que você quer Deus em sua vida, antes que seja tarde meu amigo.

— obrigado Stela fico feliz que esteja bem com sua família.

—vou ficar mais alegre quando Deus tirar você dessa vida de maldades do diabo, meu amigo Carlos. Não vou desistir vou ajuda-lo.

—obrigado Stela me sinto bem quando estou conversando com você.

Eu também meu amigo.

— você tem medo de morrer?

—quando eu tomei os calmantes me deu medo de morrer, pois se eu morresse iria direto ao inferno. Mas agora com o senhor Jesus em minha vida eu não temo a morte, por que eu sei pra onde vou, pros braços do meu pai amado, morrer pra mim é lucro Carlos.

— eu admiro sua fé Stela.

—todos nós temos fé Carlos, fé é a essência de Deus, tem fé dentro de você basta exercitar, a nossa fé é o poder de Deus em que cremos. Quero fazer um convite pra você.

—o que você está falando Stela?

—domingo quer visitar nossa igreja, ela fica aqui na comunidade mesmo.

—não sei Stela, qual é sua igreja?

— a nossa congregação: é a igreja estelar do altíssimo Deus, Deus está acima do universo, o senhor Jesus é o caminho da salvação, ninguém chega ao pai senão for pelo filho, nossa igreja temos duas coisas principais, a maior de todas e: primeiro adorar o nosso único Deus, e a outra ganhar almas, adoração e salvação, ganhar almas pro senhor Jesus, o resto vem depois.

—não vou garantir ir com você domingo Stela.

—Jesus tá chamando você Carlos não perde tempo meu amigo, ele quer você no caminho da verdadc. Domingo 6 da tarde estamos aqui na praça, o culto começar 18h30minh.

—obrigado querida Stela pela sua atenção se resolver eu apareço.

A cada dia Cuca se encantava pela linda Stela, mas o principal ela passava pra ele, os ensinamentos da bíblia sagrada de Deus, enquanto isso Pepeu acertava os detalhes do crime por encomenda do delegado campos.

— ei Jacaré chega aqui quero bater a letra pa tu.

—tou aqui patrão, pode dizer qualé a parada.

— vamos matar um federa.

— um federa pesa Pepeu.

—pode crer ordem do Machado Vingador, vai pipocar Jacaré?

—não patrão, tou nessa, ordem do chefão tem que rolar, além do mais geral do Chapéu faz parte da "F.C", ei Pepeu se nos vamos matar o federa vamos subir no conceito com o chefão.

— tu achar porque aceitei matar o maldito.

— bate a letra quando e como vai ser a parada?

—agente tem uma semana Jacaré.

— então toca o bonde Pepeu que a parada vai ser feita.

— tu e Dedé vão sondar a área onde mora o federa, quando ele vacilar já era o cana.

—pode crer patrão, vou bate a letra com o Dedé pra gente fazer tudo certo.

— espero que sim Jacaré, a missão é a mando Machado Vingador, não se esquece disso bandidagem.

Os comparsas Dedé e Jacaré saíram em direção à casa do delegado Campos, a primeira parte do plano criminoso pra matar o delegado Campos era segui os seus passos e no momento certo a quadrilha daria o bote dando cabo do federal, campos morava em uma cobertura em Copacabana bairro nobre do Rio de Janeiro, cercado de belas paisagens de frente a linda praia de Copacabana umas das mais frequentadas do Rio de Janeiro, local calmo e bem seguro com policiais 24 horas patrulhando o bairro, quando os traficantes chegam próximo ao prédio.

—ei Jacaré é aqui em Copacabana que o federal mora rapa.

—caramba então o federa tem grana Dedé?

—tem ou rouba pra ter, e morar aqui.

— risos.

— tamo chegando Jacaré, é aquele prédio ali parceiro.

— onde que não tou vendo?

—aquele prédio branco com portões preto, na tua frente lado esquerdo vacilão.

— ata pode crer saquei onde é a parada.

—ei Jacaré abre o olho senão tu vai virar bolsa de madame kkkkk

— tou antenado no lance Dedé, não sou de vacilar.

—por enquanto vamos só segui os passos do federa, aí o carro dele é um preto peliculado placa wel-1452.

—olha ali Dedé um carro preto tá saindo da garagem do prédio.

—pode crer será se é o cana?

—sei lá rapa.

—vamos seguir de longe se for, é ele vamos atrás.

Delegado Campos saiu de seu prédio em direção a delegacia de polícia, sem perceber que estava sendo seguido pelos comparsas Dedé e Jacaré. O caminho até a delegacia durou uns 50 minutos, chegou e desceu do carro, entrou direto na delegacia.

—ei Dedé o vacilão desceu sozinho do carro, será se ele anda sozinho?

—pode crer jacaré foi mesmo, se continuar assim o federa vai ser alvo fácil pra gente.

—agora que vamos fazer Dedé?

—voltar pro Chapéu e passar as coordenadas pro Pepeu agir.

— é nós Dedé toca logo esse carro então.

Enquanto isso no morro do Turano uma repórter do Jornal Sociedade Alerta tenta conseguir um furo de reportagem, uma entrevista com o temido Sacola o dono do Turano. Muita coragem dessa jornalista não sabia que de uma hora pra outra poderia ser morta por tentar conseguir uma reportagem dentro da favela, quando ela e o câmera colocaram os pés dentro da comunidade foram detidos pelos soldados da contenção. Quando os dois estavam presos com fuzis apontados pra suas cabeças, chegou De Menor e perguntou:

— ei soldado que tá rolando aí rapa quem são esses dois?

—geral pegou eles entrando na favela sem permissão, tão falando que são do jornal e querem entrevistar o patrão.

—ei dona vocês querem morrer, tá de caô pro nosso lado, são x-9 dona?

—não, não rapaz, somos do jornal, queremos falar com seu chefe.

—que chefe que nada dona, a senhora tá brincando com fogo, geral pode passar o cerol em vocês agora.

— ei Menor lembrei essa mulher ela apresenta mesmo o "Jornal Sociedade Alerta", passa à tarde.

—fica de olho neles soldado, que vou bater a letra pro patrão dos acontecidos.

— atento Sacola.

— na escuta De Menor, que tá rolando aí na boca?

—tudo na paz patrão, mas soldados da contenção pegaram dois que entraram na comunidade sem permissão.

— são x-9?Se for, moleque diz pra geral passa os invasores.

—não são x-9 patrão é aquela mulher da imprensa que quer entrevistar o senhor.

—que papo sinistro é esse de entrevista moleque? Fica aí que eu tou descendo.

— ei vocês dois patrões tá descendo pra bater a letra.

— ei Cuca tem um lance sinistro lá na boca vamos lá

—que tá rolando lá embaixo Sacola?

—De Menor falou que é a repórter do Jornal Sociedade Alerta, que entrevistar o dono do Turano.

—olhai sacola tá ficando famoso nos noticiários.

—que papo é esse Cuca, tou fora disso, que você acha falo com essa repórter xereta?

—vamos ver o que ela que perguntar se for limpeza responde. Na hora que eles filmar geral cobre as caras feias

—kkkkk, pode crer Cuca essa foi boa, vamos logo lá.

A repórter Lilia Pontes do Jornal Sociedade Alerta estava próxima de conseguir um furo de reportagem, uma entrevista com o poderoso Sacola, nunca nenhum jornalista entrou em um morro carioca para uma entrevista com traficantes, Lilia estava tão ansiosa que tinha perdido o medo de morrer nas mãos dos perigosos traficantes, Lilia correndo atrás da notícia, ela tinha que convencer Sacola a conceder a entrevista, senão não saberia que poderia acontecer com os dois. Ela pergunta ao câmera.

—o equipamento está ok?

— perfeito Lilia, tudo funcionando.

—perfeito garoto, estamos próximos de conseguir que ninguém conseguiu, um grande furo de reportagem entrevistando um poderoso traficante dentro da comunidade do Turano, vamos entrar pra historia rapaz.

— silêncio Lilia que é ele que tá chegando.

—que tá rolando aqui soldado?

—são esses dois aqui que entraram na comunidade sem permissão.

—olá senhor sacola somos do Jornal Sociedade Alerta, desculpa se entramos sem permissão é que queríamos uma entrevista com senhor.

—a dona tem muita coragem, entra na comunidade sem permissão, é querer morrer, mas admiro isso. Vamos subir em minha base falo com a senhora lá.

—ei você com essa câmera não filma nada na comunidade, senão quiser levar um tiro de fuzil no olho.

— não senhor, a câmera tá desligada.

—tu vai filmar só o que eu quiser.

Todos subiram em direção a base da facção, Lilia ficava olhando impressionada com a comunidade, muita pobreza, falta de saneamento, condições dignas para o cidadão viver, onde se encaixa as lindas palavras da nossa constituição, direito a moradia, lazer, saúde, tudo foi pro buraco, teoria e prática são diferentes, as crianças brincando no meio da rua, soldados do tráfico andando com fuzis no meio da população, ninguém mas estranha, esse é o cotidiano da comunidade do Turano.

—ei dona que você tá olhando, nunca entrou em um morro carioca?

—não senhor

—tá impressionada com as condições da favela, isso dona é o governo de vocês só querem puxar pro lado deles.

—chegamos, é aqui a casa dos amigos do movimento, então deixa de papo dona fala qualé o lance.

—vou querer fazer uma entrevista rápida com o senhor, falar do movimento, da comunidade, do futuro dos jovens do Turano, da ausência do poder público etc.

—pode crer dona.

—vocês vão cobrir o rosto?

—claro dona, traficante tem duas caras, uma boa e a outra mal, a boa agente não pode mostrar.

—kkkkk essa foi boa patrão.

—cobre a cara Careca, Cuca, De Menor e Pablo.

—então vamos começar a entrevista, tudo certo câmera.

—certo Lilia, 1,2,3filmando.

Eu sou Lilia Pontes repórter do Jornal Sociedade Alerta, estamos no morro do Turano para começar uma série de reportagens sobre as facções do Rio de Janeiro, quem são essas pessoas, de onde eles vêm o que elas pensam da sociedade, do governo, seus sonhos, suas famílias, seus medos, e o que esperam do futuro. Vamos falar com o líder dos traficantes, eles não vão mostrar o rosto para não serem reconhecidos. O senhor que se diz o dono do morro?

—sou eu sim dona todas essas pessoas na sua frente recebem minhas ordens.

—como funciona dentro da facção a subida de posto?

— neguinho entra no movimento como fogueteiro, depois se mostrar que é do conceito passar pra avião, olheiro, soldado da contenção, gerente da boca c por último, o dono da boca ou dono do morro, que sou eu.

—como? É quanto tempo leva pra chegar a dono da boca?

—não sei dona, depende se eu morrer hoje outro assume meu posto, mas por quê? A senhora que meu lugar? Risos

—com quantos anos pode entrar para o movimento?

—há sei lá dona, se o moleque conseguir passar no teste começa como fogueteiro tem fogueteiros que tem 10,11 anos. Molecada começa cedo dona.

—e em quanto tempo ele pode pegar no fuzil?

— depende se ele for esperto, e passar no teste de fogo, conseguir segurar e atirar com fuzil 762, com 12 anos já tá matando alemão.

—o que esse teste de fogo que o senhor fala?

— dona geral tá sempre sofrendo invasão dos alemão, e sempre agente tá invadindo território das outras facções pra ganhar área pro tráfico, o teste de fogo é isso se o moleque conseguir sobreviver no tiroteio é promovido a soldado da contenção.

—é o caso desse jovem que nos recebeu lá em baixo?

—pode crer dona esse moleque é o De Menor, já levou vários tiros e tá em pé aqui servindo ao movimento.

—sou do movimento, meu melhor amigo é o meu fuzil dona repórter.

—risos.

— o que vocês defendem no morro?

Geral defende nosso trabalho dona, nossa casa, o ganho pão de nossa família, sem a boca nós vai viver de que? De cesta básica do governo, da caridade das ONGs, não parceiro o papo aqui é outro tá ligado, quem começou isso foi eles, olha nossa comunidade cheio de problema, quem ajuda os moradores é nós.

—o que vão fazer se um dia a polícia invadir o morro?

—nós matamos todo mundo, nossa casa agente defende com a vida, se samango mete a cara geral passa o cerol, m16, 762, ak 47, ar 15 não é brinquedo dona, parte neguinho no meio, nós que viver em paz, vender nosso bagulho a vontade, ninguém quer polícia, nem governo na nossa área.

—mas o senhor não achar que o governo entrando vai fazer melhorias na comunidade?

—que porcaria de melhoria dona, a comunidade elegeu vários políticos que nunca voltaram pra olhar pelo nosso povo, bando de corruptos, eu moro desde criança nessa comunidade dona repórter e nunca vi governo fazer nada por nós, chama isso de favelas, quem criou as favelas não foi geral, quando sai notícias no jornal de vocês sobre a favela, todo mundo pensa é bandido, mora na favela é bandido, muitos aqui são trabalhadores acordando 4 da manhã pra trabalhar pra sustentar família, por isso o movimento protege todo mundo e ajudar em tudo, saúde, escola, comprar de material pra construir os barracos, geral faz tudo que o governo de vocês nunca fez.

— como funciona a lei no morro?

— a lei é única, eu que criei a lei, eu sou a lei. Na comunidade ninguém pode roubar se roubar morre estuprador e x-9 agente queima vivo no micro- ondas, samango também geral mete bala, os únicos que sobem o morro são os corruptos que fazem serviços do tráfico.

—o que acontecera se um dia acabar as bocas?

—risos, fala sério se isso acontecer para tudo, o Rio, o Brasil o mundo.

—o que o senhor que dizer com para tudo? Por acaso o senhor quer dizer que quase tudo no mundo gira em torno do tráfico de drogas?

—risos. A dona é inteligente sacou tudo, quem mantem a boca não é o pobre da favela dona, quem tem dinheiro tem poder de cheirar, pensam nós somos os coitados, coitados são eles.

— o senhor cntão afirma que tem pessoas influentes tem envolvimento com tráfico de drogas?

— olhai rapa e senhora que saber demais, isso quem tem que descobrir e a polícia de vocês, geral que apenas lucrar com a boca, o resto agente não tá nem aí tá ligado.

—o senhor afirma que políticos como aquele deputado Tenório morto, tinha envolvimento com o narcotráfico?

—risos . . . Não sei de nada, mas santos eles não são, se continuar a falar nesse assunto, agente para aqui.

— não, não desculpa.

—quantos de vocês já procuraram emprego ou já trabalharam em outra atividade?

— pode falar aí pessoal pra moça o que vocês conseguiram no asfalto. Esse aqui é uns dos nossos soldados da contenção vai falar dona.

—eu fui a uma construtora procurar emprego, fiz tudo certo, os testes depois levaram meus documentos, tudo direitinho, mas quando eu falei onde eu morava a mulher lá falou que não admitia ninguém que morasse na favela, ela disse que era norma da empresa, inventou umas desculpas e não me contratou, fui a muitos lugares e não conseguia nada, depois de 2 anos parado, com mulher e filhos pequenos pra sustentar, resolvi entrar pro movimento, não era isso que eu queria mas daqui que tiro o sustento da minha família.

—eu trabalhei em uma pizzaria, fui acusado de ter roubado uma carteira de um cliente, e acusou olhando pra mim por que sou negro, o gerente me demitiu na mesma hora, morador da favela negro é o principal suspeito, não isso que vocês falam? A casa caiu pro meus acusadores, meu amigo de trabalho foi no banheiro e encontrou a carteira do maldito, o gerente e o cliente ficaram com a cara no chão, o gerente da pizzaria tentou se desculpar, mas eu não quis saber, tirei a camisa do uniforme e joguei na cara do maldito, falei que morador da favela é trabalhador, disse que pra eles vocês são bando de racistas, pensam que só por que moramos nas favelas, somos ladrões, aqui na comunidade dona repórter ladrão morre pelas mãos do movimento, a senhora pode andar tranquila que ninguém faz nada. Nossa casa agente protege tá ligado

—viu só dona o que nossos soldados falaram pra senhora, pra eles morador da favela é tudo ladrão, ninguém quer contratar favelado como eles dizem, geral tá aqui por que precisa, por isso não vamos deixar ninguém toma nossa boca.

—o que vocês pensam do futuro?

—sei lá dona o futuro é amanhã eu quero tá vivo hoje pra matar os alemão.

—eu não penso em futuro, o meu futuro é a minha grana que pego todos os dias na boca.

—meu futuro é morrer lutando contra os malditos samangos.

—futuro o que é futuro pra gente, isso que geral vive é o futuro. Tá ligado

—vocês usam algum tipo de droga?

— não permito que meus soldados usem droga, os únicos viciados são os compradores, o máximo que permito é quando geral faz uma festinha queimar um baseado ou tomar uma

A Operação Colômbia

cerveja, soldado tem que ser cara limpa pra defender o morro, viciado não vai conseguir defender nada na hora do tiroteio.

— vocês tem algum medo?

—meu medo é meu fuzil falhar na hora do tiroteio, risos.

— eu não tenho medo de nada, tou pra matar ou morrer.

Eu sou Lilia Pontes repórter do Jornal Sociedade Alerta encerrando a reportagem sobre as facções do Rio de Janeiro, direto do morro do Turano obrigado a todos.

—tamo na área Pepeu.

—e aí conseguiu achar a casa do federa?

— foi moleza eu e o Dedé achamos a casa do federa Pepeu, vai ser fácil fazer a parada, o cana sai sozinho do seu a.p direto pra delegacia, vai ser moleza executar ele no caminho patrão.

—pode crer então Jacaré, vamos agir logo que o tempo tá correndo.

—quando vamos matar o federa?

—amanhã Jacaré, fica preparado, vamos matar ele com metralhadoras automáticas leves que são fáceis de transportar, manda o nosso armeiro preparar quatro pra gente.

— beleza patrão já é então.

O plano pra matar o delegado Campos estava começando, todos seus passos tinham sido seguidos pelos comparsas Dedé e Jacaré, agora o executor que estaria a frente da ação seria o Pepeu do Pó, na manhã seguinte no morro do Turano os três assassinos se preparavam pra mais uma ação criminosa.

—ei Dedé soldado da contenção tá avisando que o Pepeu e o Jacaré tão na área.

—beleza parceiro eu vou nessa.

—boa sorte na missão.

— pode crer Pablo.

—e aí Dedé vamos logo matar o cana?

—eu tou pronto vamos pegar o carro tá ali embaixo, eu vou dirigindo.

—Jacaré tu vai no banco da frente com o Dedé. A parada é o seguinte: vocês falaram que ele sai sozinho e parte em direção a delegacia, vamos seguir ele no momento certo você fecha o carro dele Dedé, enquanto o Jacaré e eu descemos do carro fuzilando com as automáticas, entenderam.

—pode crer vamos logo pessoal.

— antes dão uma conferida nas armas.

Os bandidos armados pegaram a estrada rumo a Copacabana tinha pouco tempo pra fazer o serviço de eliminar o delegado Campos, matando campos Cicatriz achava que enfraqueceria a operação Colômbia e abriria o caminho pro carregamento de drogas que sairia da Colômbia pro Brasil. Poucos minutos antes de chegarem a Copacabana, uma pessoa procura o delegado campos.

—olá bom dia amigo queria falar com delegado Campos.

—qual é seu nome amigo?

—Robertinho o mecânico vim pegar o carro dele.

—um momento eu vou ligar para ele, doutor Campos tem um pessoa aqui querendo falar com o senhor o nome dele e Robertinho o mecânico.

—obrigado, pode deixar subir é o mecânico conhecido meu, que vem pegar meu carro pra levar ao conserto.

— o senhor pode subir, sabe qual é o apartamento?

—sim vim uma vez aqui obrigado.

— entra Robertinho.

—tudo bem doutor.

—rapaz mais ou menos, esse carro tá me dando dor de cabeça, esse problema deve ser besteira não queria levar pra autorizada que vai querer cobrar o olho da cara, por isso chamei você aqui Robertinho.

—tudo bem doutor eu resolvo isso pro senhor, mais vai demorar umas horas, o senhor vai ficar sem o carro.

—quanto a isso não se preocupe eu vou usar o carro da minha mulher, toma a chave, obrigado Robertinho.

A quadrilha chega próximo ao prédio. E aquele prédio ali Pepeu.

—pode crer pessoal esse cana mora bem, qualé o carro do maldito?

—e um preto peliculado placa wel 1452.

— fica ligado quando o carro sair Dedé.

— pode crer Pepeu deixar comigo.

— olha lá Dedé é o carro saindo de novo.

—não esquenta jacaré tou antenado.

—continua seguindo Dedé se aproxima aos poucos sem levantar suspeita.

—deixar comigo Pepeu.

—ei Dedé esse não foi o caminho que o cana pegou ontem.

—não importa aonde ele vai Jacaré nossa missão é matar o federa e cair fora.

—cola nele Dedé.

—tou perto dele Pepeu.

—quando chegar a um ponto deserto você fecha o carro do cana, ainda não calma, continua seguindo, prepara a tua automática Jacaré vamos descer atirando na frente do carro do federa.

—tou antenado patrão essa aqui não vai falhar.

— aquela rua tá boa Dedé tem pouco movimento se aproxima é agora ou nunca bandidagem. Dedé se aproximou do carro preto do delegado Campos fez uma manobra arriscada, fechou a frente do veículo, nessa mesma hora descem Pepeu e o Jacaré com metralhadoras automáticas fuzilando a frente do veículo.

— é a nossa deixa jacaré, perdeu cana desgraçado, fuzila logo esse maldito, as balas das automáticas perfuravam em segundo todo o para-brisa e as laterais do carro, não tinha como a vítima reagir, foi uma ação rápida e eficiente.

—atira, atira Jacaré esse maldito não pode escapar.

—esse já era Pepeu, essas automáticas são máquinas de guerra. Impossível ele escapar vivo dessas rajadas. Depois de 2 minutos de intenso tiroteio em cima no veículo, Pepeu grita: cessar fogo, cessar fogo Jacaré.

— pode crer Pepeu esse já era, é página virada.

—abre a porta rápido Jacaré, da uma olhada pra certificar que ele tá morto, não podemos demorar.

—patrão as balas partiram o infeliz no meio, ele caiu pra trás do banco do carona, não da nem pra ver o rosto direito, esse nunca mais vai respirar.

—beleza nós vamos cair fora acelera logo esse carro Dedé, logo vai pintar sujcira na área missão cumprida pessoal. O bando partiu em disparada pelas ruas desertas, não sabiam eles que quem estava dentro do carro do delegado era um inocente, pobre mecânico Robertinho estava no lugar certo na hora errada, morreu enganado no lugar do delegado Campos, curiosos cercavam o veículo para verem o homem morto dentro do carro, em seguida chegou ao local uma viatura da Polícia Militar isolando a área, puxam o placa pelo radio, e conseguem identificar o proprietário do veículo, de repente o telefone toca na Polícia Federal.

Polícia Federal agente Miguel bom dia, o que? Um carro foi fuzilado? De quem? Do delegado, meu Deus isso não pode ter acontecido, obrigado estou indo ao local. Meu Deus eu não acredito que seja o delegado, vou ligar pra casa dele.

—alô, com quem o senhor deseja falar, com doutor Campos um momento.

—como pode ela foi chamar o delegado, não estou entendendo nada.

—alô Campos falando.

—doutor é o senhor graças a Deus que está bem.

—sim estou bem, mas por que você tá assustado agente Miguel, o que aconteceu?

—fuzilaram seu carro doutor e morreu uma pessoa que eu pensei que era o senhor.

—meu Deus do céu alguém matou o mecânico Robertinho, malditos assassinos mataram um trabalhador, eu vou colocar todos os responsáveis atrás das grades.

—como foi isso doutor? O senhor quer dizer que essa pessoa morreu em seu lugar?

—sim agente Miguel, o mecânico Robertinho era meu amigo, veio aqui levar meu carro pra oficina dele e fazer uns reparos, meu deus como pode mataram o Robertinho, era pra eu ter morrido no lugar dele, estou muito triste com essa perda agente Miguel.

—o que o senhor quer que eu faça agora?

—vai lá ao local onde está o veículo, e afastar todos, polícia, bombeiro imprensa, diz que o caso é da Federal. Miguel esse crime deve ter sido encomendado pelo Cicatriz, ele está achando que me matando enfraqueceria a Operação Colômbia, e o caminho ficaria livre pro carregamento das drogas vindo da Colômbia, escuta que vou te falar, dar uma entrevista pra imprensa dizendo que realmente foi o delegado Campos que morreu, vou ficar me passando por morto até botar minhas mãos pessoalmente nesse Cicatriz, faz um teatro lá, fala com os peritos, os agentes e com os médicos legistas.

—deixar comigo doutor.

—não temos tempo mais pra espera, temos que executar logo a Operação Colômbia antes que seja tarde, vou falar com presidente pra liberar logo a verba pra operação, o previsto era pra daqui a um mês, temos 20 dias antes que a droga chegue ao mercado.

— sim doutor, qualquer fato novo comunico ao senhor.

— ei pessoal conseguimos cumprir a missão o cana já era.

—pode crer Jacaré.

—o Pepeu é do conceito.

—e alguma vez duvidou disso vacilão?

— kkkkk nunca patrão.

—ei Pepeu vamos comemora na comunidade a morte do cana, agora o caminho vai tá livre pra droga chegar.

—pode crer Dedé

—policial uma entrevista ao Jornal Sociedade Alerta.

— sim estou aqui pra falar pra imprensa sobre o caso.

—agente Miguel quem era a vítima que dirigia o veículo?

— infelizmente a vitima era o delegado Campos, morto covardemente.

—a polícia tem alguma pista de quem seriam os assassinos?

—não senhora a polícia vai trabalhar no caso, não temos nenhum um fato novo, mas vamos investigar e chegar os responsáveis por esse crime, ninguém vai ficar impune.

—o senhor achar que foi roubo seguido de morte, ou crime por encomenda relacionado a Facção Carioca.

—não posso confirmar nada a Polícia Federal vai trabalhar no caso e quando descobrirmos algo eu informo a imprensa, obrigado a todos.

—beleza Sacola viu só, o Pepeu cumpriu a missão.

—pode crer De Menor o cabeludo mandou bem. Agora o caminho tá livre pra "F.C" agir, já era delegado Campos, esse é página virada. Vamos esperar o pessoal chegar pra geral comemorar.

— alô Machado Vingador, missão cumprida.

—perfeito, se precisar de algo entro em contato com você.

A falsa morte do delegado Campos, saiu na imprensa brasileira e mundial, a estratégia do Cicatriz era que com a morte do delegado campos atrasaria Operação Colômbia ganharia tempo pra fazer o transporte da droga, por outro lado o delegado campos foi mais esperto, simulando sua morte deixaria o Cicatriz a vontade, quando menos se espera a Operação colômbia cairia em cima de todos.

—patrão soldado da contenção tá falando pelo radio que o Dedé, Pepeu e o Jacaré tão na área.

—pode crer Careca, geral vamos comemora mais uma missão do bando. Sacola estava muito feliz com a notícia da morte do delegado Campos, ele sabia que estava próximo de chegar o carregamento de drogas na comunidade, isso era motivo de festa pra tudo mundo, a boca ia ter a venda triplicada com a nova cocaína. 100 toneladas da cocaína pura com uma mistura feita em laboratórios dentro das comunidades passariam pra 200 toneladas, muita droga, muitas vidas perdidas, muitas mortes iam acontecer se a Operação Colômbia não agisse rápido.

—Pablo quero falar com você, diga meu amor.

— o negócio é serio Pablo, ou sentindo que algo de errado vai acontecer dentro da comunidade, essa droga toda que vamos receber, e a morte do federal, pensa que eles vão deixar barato isso.

—e eu sei Verônica, sempre fui contra matar um federal, ainda mais um delegado, o lance é sério, foi ordem do chefão.

—não me interessa de quem foi à ordem vamos cair fora daqui antes que seja tarde, se ficarmos aqui vamos os três morrer meu amor, não quero morrer.

—como? Não entendi você falou os três?

—sim Pablo não queria revelar isso agora, porém não dá pra esconder de você.

—fala logo Verônica é o que eu estou pensando?

—sim paplo eu estou gravida esperando um filho seu.

—meu deus um filho nunca me imaginei pai, ainda mais nessa guerra, estou preocupado com você e nosso bebê.

—agora somos uma família podemos cair fora daqui, com dinheiro que temos podemos começar uma nova vida, vamos ser uma família Pablo, sempre sonhei com isso, obrigado meu Deus pela nova oportunidade.

—calma meu amor vamos cair fora daqui logo, você confia em mim?

—sim Pablo.

—quando foi que você descobriu, fiz um exame daqueles que vende em farmácias.

—quanto tempo?

— um mês, nossa um filhão estou muito feliz.

—e onde tá o Cuca? Ele vai fugir com agente?

—não sei Verônica, ele tá apaixonado pela aquela moça?

—que moça Pablo?

A MORTE DO CICATRIZ E O FIM DA F.C

—aquela morena de olhos azuis, filha do pastor que tem uma igreja na comunidade.

—aquela branca de cabelos longos, ela é bonita mesmo.

Sim Verônica, porém não é só isso, tenho certeza que Deus tá mudando o Cuca, aquele assassino frio e cruel não vejo dentro dele.

—é serio Pablo? Por que você tá falando isso?

—ele me falou que não quer mais matar ninguém, pensou que o Sacola queria que fosse ele o matador do delegado, quando escolheu o Pepeu se sentiu aliviado.

—viu só paplo? Tudo mundo muda isso não é vida, Deus tá dando uma última chance pra ele, e pra gente também.

—é eu sei meu amor, calma agente vai cair fora daqui. Cuca novamente se encontra com Stela.

— olá Stela, tudo bem querida?

—sim Carlos eu esperei você domingo, não apareceu por que amigo?

—desculpa Stela não deu pra eu sair de perto do pessoal, o clima lá está esquentando, todos estão ansiosos pela chegada de um carregamento.

—você está falando de drogas?

— sim, desculpa falar esses assuntos pra você Stela.

—tudo bem Carlos como falei pra você, vou fazer de tudo pra ajudá-lo.

—o convite pra visitar sua igreja ainda está de pé?

—sim sempre, Deus está de braços aberto pra receber você.

—no próximo domingo vou com você, está bem.

—sim Carlos, Deus está feliz com sua decisão. No momento em que Cuca falava com Stela, Careca e De Menor passam próximo e reconheceram-no.

—ei Menor aquele ali sentado não é o Cuca?

—onde Careca?

— na praça, no banco perto ao coreto.

—deixar ver, rapa é mesmo, o que ele tá fazendo perto dos crentes?

—sei lá Menor, ele tá falando com aquela mulher.

—quem e aquela mulher Careca?

—é a filha do pastor rapa.

— ela é bonita.

— ei Menor será se agente fala pro patrão isso?

—deixar pra lá Careca, vai ver o Cuca tá querendo pegar a gata.

—risos.

—vamos logo pra quadra que tá rolando maior festão Careca.

—pode crer De Menor, vamos tomar uns tragos.

—gostou do serviço bem feito sacola?

—pode crer Pepeu mandou bem, o cana é página virada, o caminho tá livre pra receber nossa droga.

—ei Sacola quando nossa carga vai chegar?

— não sei, acho que logo, logo, o Cicatriz não falou nada, a última vez falei com o maldito do Gordo que disse que pra reforçar a vigilância nas comunidades pra venda sair tudo certo.

— pode crer parceiro, nossas bocas vão bomba.

—é isso aí cabeludo, vamos curtir a festa.

Na delegacia, delegado coelho conversar com agente Souza sobre a morte de seu amigo da Policia Federal.

— Souza eu não acredito nessa noticia triste da morte do Campos.

—nem eu delegado. O senhor não ligou pra federal pra saber mais sobre o caso?

Liguei Souza, falei com o agente Miguel, e disse que não poderia da informação por telefone, só falou que era pra gente aparecer hoje na Polícia Federal que o assunto era urgente de interesses de todos os membros da Operação Colômbia, não estou com cabeça pra nada, só pensando no nosso amigo Campos, que tragédia morrer dessa forma.

—eu também doutor o delegado era um homem da lei muito competente no que fazia seu trabalho nunca vai ser esquecido, pelo contrario temos que continuar o que ele começou doutor, colocar esses vagabundos atrás das grades. Os culpados pela morte do delegado campos não vão ficar impune, pegamo-los vivos ou mortos.

— você tem razão Souza, vamos fazer isso pelo nosso amigo, prepara a viatura vamos agora pra Polícia Federal. Delegado Coelho e o agente Souza partiram em direção à sede da Polícia Federal, agora a Operação Colômbia vem com força máxima em cima do crime organizado, polícias, e forças armadas juntas numa mega operação que nunca existiu nesse país, o clima agora é de guerra, tolerância zero.

Chegando à sede da policia federal são recebidos pelo agente Miguel.

—olá bom dia agente Miguel.

—bom dia delegado Coelho, agente Souza.

— nós sentimos muito a perda do nosso amigo, esse momento e delicado. É uma questão de honra para nossas instituições acabar com esse câncer que se chama crime organizado.

—você tem razão delegado Coelho, vamos entrar na sala de reunião pra conversar melhor sobre a operação. Quando delegado Coelho e o agente Souza entram na sala tem uma grande surpresa, dão de cara com delegado campos sentado na poltrona principal da sala de reunião, o susto dos dois foi imediato.

—agente Miguel que está acontecendo aqui, se eu não tivesse acordado juraria que estou sonhando.

—não é um sonho delegado, nosso delegado está vivo graças a Deus.

—bom dia meus amigos.

—amigo estou muito feliz por você está vivo. Pensei que tinha morrido graças a Deus eu estava errado, Campos hoje é o dia mais feliz da minha vida, ver você bem em minha frente.

—obrigado delegado Coelho, desculpa não ter falado antes pros amigos, queria vocês aqui pessoalmente pra contar as noticias, escapei por pouco a pessoa que morreu em meu lugar era um amigo, o mecânico Robertinho levou meu carro pra fazer uns ajustes, morreu enganado, infelizmente morreu em meu lugar. Agora estou passando-se por morto pra deixar o Cicatriz a vontade, ele está pensando que eu estou morto e o caminho está livre pro transporte da droga. Vamos agir em silêncio, a operação vai cair matando em cima do crime organizado.

— boa estratégia Campos, agora é nossa vez de dar o troco.

—falei com o presidente que liberou toda a verba pra operação, está tudo acertado depois da manhã toda a cúpula da operação estará reunida neste local pra traçar os planos finais em cima do mapa que conseguimos o general, o almirante, o brigadeiro, e o comandante da Polícia Militar e dos Bombeiros estarão presentes. Conto com a presença dos senhores também.

—estaremos presente delegado.

Na Colômbia Gordo acerta os últimos detalhes do transporte da droga, eles não sabiam que a polícia federal tinha informações das rotas que a droga ia fazer até chegar ao Brasil, Brasil e Colômbia e Estados Unidos estavam juntos pra interceptar o carregamento, a marinha colombiana, junto a marinha brasileira tinham os pontos estratégicos, no momento que o navio com o carregamento seguisse viagem em auto mar seria surpreendido, os aviões pequenos da quadrilha sairiam da Colômbia até mato grosso aterrissando em pistas clandestinas das fazendas da facção, jatos da Força Aérea seriam usados pra obrigarem os aviões pequenos a aterrissarem nas bases brasileiras, caso recusassem seriam abatidos pelos caças militares. Parecia um plano perfeito, se não tivesse a Polícia Federal pra estragar tudo que cicatriz planejou durante meses.

—cicatriz fechei negócio com o comandante daquele navio cargueiro, a droga vai ser levada nos contêiner bem escondida, a outra partes como eu falei antes pra você vão em aviões pequenos até o Brasil chegando nas nossas fazendas do Mato Grosso, outra parte tá pronta pra se transportada pelos rios da Amazônia de Manaus até o Pará, o cargueiro não vai pra Santos, lá deve tá sujeira cheio de fiscais da receita e federais, tão fechando o cerco em cima de nós, o comandante teve uma ideia perfeita.

— qual é essa ideia perfeita que o comandante falou.

—antes de chegar ao Porto de Santos, passar a carga pra um navio menor, depois seguimos e ancoramos o navio pra descarregar no porto clandestino. Aquele que você conhece.

—ei você tem razão é uma boa opção, eu tinha pensado em Santos o porto é grande e agente podia esconder bem a droga até descarregar aos poucos, verdade não podemos arriscar os federais podem bater de surpresa aí adeus nosso carregamento. Então tá fechado com o comandante gordo tudo certo temos uma semana pra partir.

Cuca encontrar com Stela Maria na praça da comunidade.

—olá meu amigo mais um dia lindo graças a Deus, e você como tem passado esses dias?

—mais ou menos, e sinto melhor quando estou perto de você Stela.

—eu também Carlos, esses dias tenho orado muito por você, pedindo a Deus que fortaleça sua fé, que ajude a sair do caminho do mal.

— obrigado Stela, vocês ajudam muitas pessoas a se livrar do caminho errado.

—Carlos muitos jovens hoje que fazem parte de nossa igreja, antes faziam o mesmo que você faz hoje, eram soldados do tráfico, matavam e traficavam, roubavam, muitos ouviram a voz de Deus, e foram salvos, porém muitos morreram sem salvação, nossa missão é ensinar a palavras de deus pra todos os seres vivos, independente de que sejam de outras religiões, ou que não tenham religião. A palavra de Deus é a única verdadeira, vai e ficar, fortalece e vence o mal, mas temos que buscar dentro de nós esse amor pelo Espirito Santo. Essa vida terrestre é uma guerra contra o diabo, ele que o culpado de todas as coisas erradas que contaminam os filhos de Deus, pecados e maldades, eu tenho certeza que seu fim está próximo, quando o senhor vier e resgatar o seu povo, o mal será destruído senhor reinara eternamente no Paraiso, quem crer na palavra, será salvo através do senhor Jesus, mas quem não crer queimara eternamente no lago de fogo com enxofre.

— sabe Stela eu fiz muitas maldades, mais nunca vi crueldade maior que fizeram com aquele informante da polícia que pegamos na comunidade, o Sacola cortou as mãos dele com uma espada, depois queimou vivo, eu estava presente, mas não participei dessa barbaridade, não gostei deles terem feito isso, nunca matei ninguém dessa forma, torturando, o podre coitado sofreu muito Stela, acho que antes dele ver a espada de samurai em sua frente, pediu, implorou pra alguém desse logo um tiro de misericórdia pro sofrimento não atingir ele, não conseguiu foi torturado até o final de sua Vida. Cuca não se conteve, um desabafo de alguém que sofria com essas tristes lembranças do passado, quando terminou de contar o relato da morte do informante pra Stela, as lágrimas caíram de seu rosto.

Carlos Deus tá enxugando suas lágrimas eu tenho certeza que você já foi perdoado, faça o correto, não siga, mas as trevas siga ao senhor Jesus.

—obrigado Stela precisava contar isso pra alguém, durante meses isso me atormentava. Não pude fazer nada por aquele homem. Dois dias depois chega o grande dia de domingo, dia em que o traficante Cuca se encontraria com o senhor Jesus, o caminho agora era outro, Stela o aguardava na praça com o poder do Espirito Santo.

—você veio Carlos que bom meu amigo.

—eu falei pra você que viria, sou homem de palavra.

—risos.

Os dois desceram a praça em direção a igreja, agora tudo pode mudar, Cuca de soldado do tráfico de uma hora pra outra poderia virar um soldado do exército de salvação do senhor Jesus, o ganhador de almas. Chegando a frente à igreja Cuca para por uns segundos e olhar as palavras escritas em cima da igreja "Jesus Cristo é o único e verdadeiro fundamento". "salvação eterna".

—é aqui Carlos nossa igreja, Jesus lhe dá as boas vindas, vamos entrar. Cuca olhava as pessoas que oravam buscando o Espírito Santo, nesse momento sente o seu coração bater forte com os louvores a Deus.

— vamos nos sentar aqui meu amigo. A reunião tinha começado os ensinamentos, a adoração, e a busca ao Espirito Santo faziam queimar todas as maldades dentro do coração daquele assassino, ele não sabia o que estava acontecendo, sentiu uma sensação de paz, alegria e libertação, as correntes do inimigo que o aprisionara durante anos foram quebradas pelo poder de deus naquele momento. Todos aqueles que desejam uma mudança podem encontrar.

Como Stela havia dito, Deus escolhe as pessoas certas, pra muitos que não creem na palavra, jamais acreditariam que um assassino frio e cruel poderia mudar de Vida. Quando o culto acabou cuca se sentia outra pessoa, com outros pensamentos que iam de encontro aos antigos, pensamentos esses que o aprisionara durante anos.

—como você se sente agora?

—muito melhor Stela eu sento que uma chama de fogo queimou todas as maldades do meu passado.

—é meu amigo é o fogo de Deus, a sua libertação vai ser aos poucos, você conseguira se livra de todas as coisas ruins do mundo, lute, persevere, a vitória depende de você Carlos.

—obrigado Stela. Agora vai ser um choque como será daqui pra frente um ex-traficante e assassino no meio de outros cobertos de maldades dos inimigos de Deus.

Cuca se despediu de Stela e voltou pra base da facção e encontrou com Pablo.

— e ai meu amigo onde você foi? Que cara é essa de felicidade?

—Paplo eu fui fazer uma visita na igreja da Stela, senti uma paz na reunião do culto, por isso estou alegre, Pablo vou cair fora do movimento não quero mais segui o caminho do mal, quero ser do senhor Jesus.

—que bom meu amigo, fico feliz por você, agora toma cuidado, não fala isso pra ninguém, você é o braço direito do Sacola não sei como ele vai agir você falando que vai cair fora assim de repente.

—não temo nada Pablo, entrego minha vida nas mãos de Deus.

—vamos sair daqui, quero falar uma novidade pra você.

—estou com fome à lanchonete é uma boa opção.

—pode crer Cuca.

Você não quer chamar a Verônica?

—não, não cla tá dormindo.

— ei moça traz algo pra gente comer, nossa barriga tá roncando de fome. O que você vai comer Cuca?

—qualquer coisa que você pedir.

—moça traz uns quatro hambúrgueres com batatas fritas e dois sucos de manga.

— fala ai parceiro qualé à novidade?

—pô Cuca me pegou de surpresa, não esperava isso agora, nossa vida ainda tá meio complicada no meio dessa guerra.

—pô parceiro sem rodeios fala logo o que é?

—Cuca a Verônica tá gravida.

—rapa gravida, isso é serio, nós estamos no meio de uma maldita guerra, uma criança tem que vim ao mundo num momento especial, paz e com muito amor dos pais.

—é eu sei Cuca, por isso estou querendo dar o fora daqui logo, antes que o morro sofra alguma envasão da polícia. Tenho medo de que algo aconteça com a Verônica e com nosso filho.

—Pablo você acha que o pessoal do movimento sabe do lance de vocês?

—sim o Sacola sabe do nosso lance, falou que tudo bem, não atrapalhando o trabalho da boca.

—ele tinha que aceitar Cuca, nós somos seus melhores soldados. Fazemos tudo certo, na minha vida ninguém, mas se pode se meter.

— eu não sou mais soldado do tráfico Pablo. Sou do exército de Cristo meu amigo.

—eu entendo sua fé, fico feliz, mas ainda não é hora pra você deixar o movimento, ele pode querer matar você, calma que tudo vai dar certo.

—não temo mais nada Pablo.

—eu te peço Cuca, por mim não faz isso agora, vamos bolar um plano pra gente cair fora daqui.

— eu não sei se vou sair daqui.

—como não Cuca, você vem com agente, se ficar vai morrer nas mãos do movimento, ou na mão dos canas.

—vou ficar com Stela, onde ela for eu vou com ela. Agora sou de Jesus é meu salvador e a Stela vai ser minha futura esposa.

—Cuca a chapa vai esquentar, você pensa que a federal vai deixar barato a morte do delegado de polícia.

—é eu sei Pablo, mas confio em Deus.

—então te desejo sorte meu amigo, se você mudar de ideia me fala.

Na base da facção Careca não se conteve em contar para o Sacola o que tinha visto na Praça, Cuca conversando com Stela.

— ei Sacola tenho um lance pra contar pá tu.

—que lance Careca? Ei seu que não tenho nada a ver com a vida de ninguém, mas acho que tu deve saber dos acontecidos da nossa área.

—deixar de papo furado e desembuchar logo qualé o lance?

—aos uns dois dias eu e o moleque De Menor vimos o Cuca sentado no banco da praça falando com aquela filha do pastor.

—falando com a filha do pastor, o que nosso assassino vai tá falando com a filha do pastor?

— sei lá patrão, mas achei melhor o senhor saber, e tem mais andei sondando a área e descobri que geral também viu ele varias vezes conversando com ela.

— fez bem em me falar isso Careca, será se o maldito Cuca que nos abandonar, se isso acontcccr eu mato esse traidor.

—Careca não fala isso pra ninguém.

—beleza patrão, se precisar de mim pode pedir.

Agora que Sacola sabe do envolvimento do Cuca com Stela, ele pode estar armando uma pro seu lado, o tempo dirá o desfecho dessas historias de amor. Dois dias se passaram e chegou o grande dia que a cúpula da operação Colômbia se reunira na sede da Polícia Federal, delegado campos tinha convocado os comandantes do exército, Marinha, Aeronáutica, Polícia Militar, Civil e Bombeiros, estavam presentes também alguns colombianos e americanos que faziam parte da Operação Colômbia, esses estrangeiros que seriam os responsáveis pela operação que seria realizada em território colombiano, o aparato bélico cedido pelas força armadas eram: tecnologia de última geração, radares da força aérea, aviões caças, helicópteros blindados com metralhadoras e um soldado operando tiros de longa distancia, homens do grupo de paraquedista, a Marinha tinha os tangues anfíbios, navios corvetas, fuzileiros navais bem treinados em terra e água, esses fariam operações de selva na Colômbia juntos com os "Sigs" do exército brasileiros, o exército colombiano e os americanos, o grupo de paraquedista do exército brasileiro com o batalhão de elite da polícia militar seriam os primeiros a abrir caminho dentro do morro do Turano e morro do Chapéu, a tropa de elite da Polícia Militar era a única que foi preparada pra esse tipo de combate urbano, conhecia profundamente o território dos traficantes, nas entradas, ou seja na parte baixa do morro, os bombeiros com ambulâncias pra dar os primeiros socorros em caso de incêndios e de ferimentos a balas, a Polícia Civil faria o trabalho de identificação dos moradores que saíssem da comunidade.

No auditório da Polícia Federal delegado Campos inicia a reunião com a cúpula da Operação Colômbia. Estavam presentes: o general Sampaio, almirante Liro, brigadeiro Costa, coronel Alcântara da Polícia Militar, coronel Camargo do Corpo de Bombeiro e da Polícia Civil delegado geral Coelho, os estrangeiros Richard, filho de uma brasileira com um americano, representante do F.B.I e Martinez general do Exército da colômbia.

Queria agradecer a presença dos senhores, nesse momento especial ao povo brasileiro, povo colombiano e pros americanos, demo um passo importante pra começo do fim do crime organizado nesse país, nós somos os representantes da justiça, somos a lei, o estado é forte e se fará presente em todos os lugares pra cumprir o que a lei determinar. Dou inicio a reunião, meus amigos como são de conhecimentos dos senhores, esse é o mapa feito por uns dos nossos informantes, descreve todo o território do inimigo: sua posição exata, entradas e saídas dos morros, túneis de fuga dos traficantes, tudo descrito meus amigos, o resto é com agente. Alguma sugestão.

—sim.

Por favor, coronel Alcântara diga.

— podemos começar enviando nossos homens por essa entrada aqui, a montanha por detrás da base dos traficantes, o batalhão de elite da p.m., juntamente com grupamento de paraquedista do exército, podem se posicionar nesse local. O senhor concorda comigo general Sampaio?

— o amigo tem razão, o seu batalhão conhece melhor o território inimigo, podemos invadir pela montanha e posicionar os homens em pontos estratégicos da favela. Aguardando o sinal pra ocupação.

—alguém tem mais uma colocação a fazer ao general, ao coronel Alcântara? Então tá decidido os paraquedistas e o batalhão de elite, são os mais preparados pra invadir pela montanha dos morros.

Essa rua aqui no mapa e a entrada principal do morro do Turano, nesses cantos os traficantes fizeram barricadas de concreto pra dificultar a nossa entrada. Agora que entra o poderio dos tanques blindados da Marinha.

—o almirante tem razão, essa é uma parte delicada da missão, nessa hora que os soldados vão sair dos tanques pra limpar o caminho, essa parte tem que ser manual, esses obstáculos estão concretados no chão. Toda atenção é necessária, estamos na parte baixa do morro, as balas vem de cima em nossa direção.

—o senhor que falar alguma coisa general Sampaio?

—podemos explodir essas barricadas quem ficam no chão.

—o general tem razão, não podemos perder tempo, explodir é mais rápido, deixar o caminho livre pros tanques avançarem.

—o apoio aéreo da FAB vira de nosso helicóptero blindado "puma" "possuem metralhadoras antiaéreas", com grande poder de destruição contra os inimigos, nossos militares são bem treinados, os pilotos são peritos em voos rasantes e os soldados que operam as antiaéreas também são peritos em tiros a longa distancia, também temos o apoio do helicóptero da Polícia Militar o "águia".

—obrigado brigadeiro costa pelas suas explicações, então como o brigadeiro Costa reforçou, o apoio de aéreo vira dos helicópteros, vão ser peças fundamentais pra invasão por terra, serão eles que nos passaram as informações das posições dos traficantes dentro da comunidade, por isso meus amigos é importante que seus rádios estejam em perfeita sintonia, nossa frequência vai ser a mesma usada pelo Exército, essa é a mais segura, não corremos risco dos traficantes interceptarem nossas mensagens.

— o coronel Camargo tem alguma colocação sobre o apoio do Corpo de Bombeiro?

—sim delegado Campos, nossa corporação está com ambulâncias equipadas com equipamentos de última geração, com um médico cirurgião que dará suporte em caso de ferimento à bala. Outra coisa importante que os traficantes costumam fazer muito é despejar piche nas ruas, isso dificulta a subida dos veículos, nossos militares precisam de um cobertura pra remover esse material o mais rápido possível.

—o coronel Camargo tem razão os traficantes tem essa tática de despejar piche nas ruas da comunidade pra frear o avanço dos veículos, temos que agir rápido é dar apoio pros bombeiros limparem o caminho, meus amigos nada vai ser fácil nessa missão, todos corremos perigo, porém o perigo faz parte do nosso trabalho.

—o trabalho de identificação nas saídas da comunidade é importante delegado Coelho, muitos que fazem parte do movimento tentaram deixar o morro como morador comum.

Nosso trabalho de identificação estará presente nas entradas da comunidade com delegados, investigadores, peritos e escrivães, verificando todas as documentações, nada vai passar sem ser percebido.

—obrigado delegado Coelho pelas suas explicações.

—general Sampaio nesse ponto do morro começa os túneis de fuga dos traficantes, essas rotas de fuga dão acesso pra fora da favela, temos que explodir esses túneis pra evita as fugas.

— temos engenheiros especialistas em explosões desse tipo, podem explodir os túneis impendendo entrarem ou saírem dele, agora temos que entrar nesses túneis e instalar explosíveis nos pontos exatos.

—nesse momento o senhor general dará ordens pros militares que estão na parte da montanha, em posição de ataque, fazer a ocupação expulsando os traficantes pra esse lado aqui. Ficaram sem saída, com as rotas de fuga fechadas, eles vão fugir pra essa parte do morro, ficando na linha de fogo dos militares.

Essa rua do mapa divide as comunidades do Turano e morro do Chapéu, essa facção e aliada do traficante Sacola, as duas facções tem um numero aproximado de 1000 soldados do tráfico. Temos que impedir que os traficantes atravessem essa rua que uni as duas comunidades, com certeza quando começarmos a tomar o morro do Turano, essa facção aliada vai tentar atravessar para o Turano pra dar apoio, as tropas avançaram em direção ao morro do Chapéu por essa entrada aqui. Quando eles descerem pra dar apoio pra facção do Sacola serão pegos de surpresa pelo batalhão de elite da Polícia Militar. A Operação Colômbia será realizada em dois lugares ao mesmo tempo, Brasil e Colômbia, mais uma vez agradeço o presença dos representantes general Martinez do exército colombiano e agente Richard do F.B.I, bem meus amigos agora é com vocês essa parte da missão, o senhor pode começar general Martinez.

—agradeço a todos os membros da Operação Colômbia, juntos conseguiremos combater o narcotráfico em meu país, impedindo a chegada da droga no Brasil.

—o exército colombiano junto com a polícia americana, os militares brasileiros, começará a missão por esse ponto aqui, são os locais de atuações dos carteis de drogas da Colômbia, esse lugar tem uma forte proteção da guerrilha, aproximadamente 200 guerrilheiros estão posicionados ao redor do acampamento, atacaremos por esse ponto, nosso Exército conhece muito bem a região que é montanhosa e perigosa, contamos com o apoio dos "Sigs" e os fuzileiros brasileiros, a Colômbia está passando por um momento delicado meus amigos, como vocês sabem a guerrilha cresceu muitos esses últimos anos, a missão do exército colombiano é atacar os acampamentos principais, esses dois acampamentos que são os sustentam todo o poderio bélico e humano dos guerrilheiros, dou a palavra ao nosso aliado americano agente Richard do F.B.I.

—obrigado meus amigos, o F.B.I tem interesses no trabalho conjunto com governo brasileiros e colombianos, durante anos meu país combateu esse mal sem tréguas, nosso trabalho de investigação teve êxito, chegamos nos principais fornecedores de drogas de nosso país, todos foram presos e condenados, agora o foco principal são esses: comandante Emiliano, comandante Cortez, os brasileiros, Cicatriz, Gordo e Cara- de- Lata, esses são peças-chave pro desfecho da Operação Colômbia, como foi dito antes pelo delegado Campos, nossa operação vai atuar simultaneamente nos dois países ao mesmo tempo. Todas as informações necessárias serão passadas aos membros da operação, as estratégias já foram montadas, agora o resto fica por conta dos treinamentos dos nossos militares, a missão começou meus amigos, uma ofensiva decisiva não tem hora pra terminar, enquanto os procurados não forem presos. Obrigado delegado Campos

—obrigado a você também, então definimos a Operação Colômbia, vamos dividir o comando da operação, no Brasil os comandantes: general Sampaio, coronel Alcântara e o coronel Camargo estarão a frente da operação.

Na Colômbia estará o general Martinez, o agente Richard, almirante Liro, brigadeiro Costa e eu, delegado Campos da Policia Federal. Os senhores tem mais alguma colocação sobre a Operação Colômbia. Definidos os planos temos que pedir a Deus que de tudo certo a todos, muitas pessoas depende do nosso trabalho, o combate ao narcotráfico, assaltos, roubos, furto, sequestros, são prioridades, todas as atividades ilegais que maltratam nossa sociedade será exterminada do meio de nosso convívio social, nossa ação é uma resposta do poder dos governos contra os inimigos do estado. Obrigado pela presença de vocês está encerrado a reunião.

Todos os planos da Operação Colômbia tinham sido traçados pela cúpula, agora é esperar o grande dia que começara a invasão dos morros do Turano e morro do Chapéu, apreensão do carregamento da droga que vira da Colômbia pro Brasil, prisão dos lideres da "F.C" Cicatriz, Gordo e cara- de- Lata, e no estrangeiro a prisão dos lideres maiores das guerrilhas, comandante Cortez, e comandante Salvador. O numero de militares envolvidos na Operação Colômbia no Brasil seriam aproximadamente cinco mil homens de todos os cantos do Brasil, e na Colômbia 4000 homens, brasileiros, colombianos e americanos.com tecnologias e treinamentos, contra a coragem e audácia de 1000 traficantes sem treinamentos, porém com armamentos pesados de guerra, vai ser fogo contra fogo o mais fraco se quebrará.

Cinco dias antes da grande invasão da Operação Colômbia nas comunidades do Turano e Chapéu, Sacola não se esquecerá de o que Careca havia falado sobre o envolvimento do seu braço direito, o temido assassino Cuca, não queria acreditar que seu melhor soldado de elite, poderia de uma hora pra outra cair fora do movimento, no seu caminho tinha encontrado Deus, com certeza ele ia ser um desfalque pra facção, como o mesmo sacola tinha criado a lei do movimento: existiam duas formas de sair, uma era se converter ao deus todo poderoso e a outra era morrer em batalha contra os inimigos da facção, será se o temido Sacola dono do Turano aceitara seu melhor soldado sair vivo dessa?

—ei moleque Menor chega aí tenho uma missão pa tu.

—tou ligado patrão pode falar qualé o lance?

— vai atrás do Cuca e manda ela vim agora aqui que tenho uma missão pra ele.

—já é então Sacola, De Menor foi ao encontro do Cuca que estava na praça conversando com Stela Maria, nesse momento todos os moradores da comunidade presenciavam as conversa dos dois, alguns pessoas não acreditavam que aquele traficante assassino frio e cruel tinha mudado de vida, outras que tinham Deus em seu coração diziam que era o poder do senhor muda a vidas das pessoas, De Menor chegou próximo à praça e encontrou Cuca e Stela no banco perto do coreto.

—ei Cuca o tava te procurando rapa.

—eu estou aqui com minha amiga, esse aqui e o John Wayne, essa é Stela.

—prazer John Wayne.

—tudo bem com você Stela?

—tudo bem John.

—amiga do Cuca é minha amiga

—risos.

—ata obrigado John.

—O Cuca que você tá vendo na sua frente salvou minha vida, se não fosse ele eu tinha morrido na invasão do morro do Chapéu.

—eu gosto de você moleque. É o irmão mais novo que nunca tive

—pode crer Cuca eu também.

—fala aí que tá passando na comunidade?

—o papo tá bom que tava quase me esquecendo, o patrão que bate um papo com tu disse que é urgente. Uma missão tá ligado

—certo aqui pouco apareço na base.

—pode crer, tou indo, valeu Stela ter conhecido você.

—eu também John, espero encontrar você de novo.

—ei Careca chega aí quero bater umas coisas que tão rolando na minha cachola.

—pode falar patrão.

—vou dar outra missão pro Cuca, vamos ouvir o que ele vai dizer, se confere ou não que você falou de ele deixar o movimento por causa de uma mulher.

—Carlos o que será que ele quer falar de tão urgente com você?

—não sei Stela, mas vou resolver isso agora, prometi pro Pablo que aguentar um pouco mais no movimento, não está dando, eu tenho que fazer a vontade de Deus, ele me salvou, Jesus não me quer nesse caminho.

—Carlos a cada dia sua fé aumentar com o Deus todo poderoso. Falei pra você que sua mudança ia ser aos poucos, agora não aceita mais as coisas malignas.

—sim Stela por isso que vou resolver isso de uma vez.

—tenha fé Carlos que tudo vai dar certo.

Cuca partiu em direção a base da facção disposto a colocar um fim no seu envolvimento com o movimento, desde 18 anos quando pela primeira vez pisou no morro do Turano, fugindo do cerco policial, aquele jovem de classe media que tinha se envolvido com o mundo do crime, tráfico de drogas e assassinatos, tinha servido como soldado do movimento sete anos, qual será a reação do Sacola quando for contrariado?

Na base da facção encontrava-se: Sacola, Pablo, verônica, Careca, De Menor e alguns soldados da contenção. Sacola brincava com sua espada de samurai, de repente Cuca chegou à base.

—olha só quem chegou pessoal nosso soldado de elite Cuca.

—e aí pessoal beleza.

—anda sumido da área Cuca, que tá rolando?

—tá rolando nada Sacola eu estou sempre por aqui.

—ei parceiro tenha uma missão pá tu, tá ligado.

—que missão Sacola?

—matar o delegado Coelho, o cara tá sabendo muito sobre mim, quero o cana fora do mapa.

— não vou matar mais ninguém Sacola.

—como é que é rapa tá de sacanagem comigo?

—disse que não vou mais matar ninguém, estou saindo do movimento Sacola, encontrei o caminho da verdade, Jesus mudou minha vida, aquele assassino, frio e cruel que existia dentro de mim, não existe mais, Deus me perdoou, Jesus me salvou deu uma última oportunidade, eu falo isso agora pra vocês, não sigam por esse caminho do mal, não tem mais volta, levará vocês ao inferno meus amigos.

—tá tirando uma com nossa cara Cuca? Tu é bandido rapa, traficante, assassino, é o melhor nesse serviço nasceu pra matar, teu destino é esse parceiro, não pode fugir do que tá escrito.

Você tá enganado Sacola, roubar, matar, trocar tiros contra a polícia, contra facções rivais, era que fazia de melhor, antes eu pensava assim, minha vida estava coberta de sangue das vítimas que matei pro tráfico de drogas, matei muitas pessoas a mando da facção, essa culpa pesava na minha consciência, tinha dias que isso me incomodava depois descobrir que era deus me levando ao caminho da liberdade.

—essa mulher tá virando tua cabeça rapa, vai por mim.

—não Sacola, Jesus me mostrou a verdade, conheceis a verdade, e a verdade vós libertará.

—quer dizer que tu tá caindo fora da facção, vai mesmo deixar os amigos do movimento?

—sempre vou tá orando por vocês, pedindo a Deus que confessem seus pecados e entreguem suas vidas ao senhor antes que seja tarde.

—quem te viu Cuca, tu era um bandido que matava sem piedade, matou muitos e agora que dar sermão na gente com esse papo de bíblia, cai na real geral aqui não quer saber de conversar fiada rapa.

—ei Sacola o cuca aquele bandido frio e cruel virou pastor pessoal.

—risos.

—careca eu abrir o olho irmão, faz o mesmo antes que seja tarde.

—eu sou traficante rapa, vou morrer atirando com meu fuzil em cima dos alemão

—estou indo embora obrigado a todos, minha missão agora é outra. Antes de o Cuca virar as costas e sair pela porta, Sacola não se conteve em engatilha seu 762 e apontar em direção a cabeça dele, Careca e alguns soldados da contenção fizeram o mesmo, Pablo, de menor e Verônica foram os únicos que fizeram ao contrario.

— onde tu pensa que vai que passar a perna no poderoso sacola o rei do Turano, tá pensando que tu vai sair vivo do movimento. Vou te matar traidor.

—pode me matar Sacola, eu não tenho de morrer, eu sei o meu destino.

—ei Sacola abaixar esse fuzil, esse é o Cuca nosso amigo.

—não é mais nada nosso Pablo. Ele vai morrer pelas minhas próprias mãos.

—vamos matar logo o traidor Sacola. Antes de Careca terminar de falar, Menor levantou seu fuzil e apontou direto na cabeça do careca.

—tá ficando maluco moleque, baixar o cano desse fuzil da minha cabeça.

— baixar primeiro o teu da cabeça do Cuca.

—que tu tá fazendo De Menor, o traidor é o Cuca.

—Sacola considero tu como meu irmão, mas não vou deixar ninguém matar o Cuca, devo minha vida a ele, senão fosse ele me tirar do fogo cruzado, eu teria morrido.

Pablo se lembrou da lei do movimento criado pelo próprio Sacola, existem duas formas de um soldado sair do movimento: uma era morto, e a outra era se convertendo ao evangelho do senhor Jesus cristo.

—Sacola lembra que você mesmo criou a lei do movimento, duas maneiras de sair do movimento. Uma era morrer em combate, a outra se convertendo.

—é eu sei Pablo, mas nunca podia imaginar que isso ia acontecer com meu melhor soldado. Sou homem de palavra, a palavra do Sacola é única.

Vamos matar logo ele patrão, eu mato o alemão.

—cala tua boca Careca, ninguém vai morrer aqui, todo mundo baixando as armas.

—mas patrão o Cuca traiu o movimento.

—cala tua boca Careca senão quem vai morrer vai ser tu. Sacola baixou a cabeça, ele ficou em silêncio uns segundos, depois fala em voz alta pra facção: quero bater a letra pra geral, a partir de hoje o Cuca morreu pra nossa facção, geral nunca, mas vai falar com ele, toda a geral vai fazer o que ele fez pra gente, virar as costas pro traidor. Cuca sai pela porta sem olhar pra trás, anda em direção a praça onde se encontrava Stela Maria e alguns membros da igreja, Cuca parecia que estava confuso sem entender o que tinha acontecido, porém no fundo feliz pois tinha tirado um peso grande de sua vida, um novo começo perto das pessoas certas. Stela olhou pro seu rosto e disse: Carlos você está todo suado. O que aconteceu?

—Stela Deus me salvou mais uma vez, o Sacola ia me matar.

—como assim Carlos?

—eu falei pra ele que não ia mais fazer parte do movimento, minha missão era outra, a caminho do senhor Jesus. O mal quis usar eles pra não me deixar sair vivo do movimento, porém Deus como sempre foi mais poderoso e não deixou acontecer nada de mal comigo.

— eu falei pra você Carlos, Deus escutou e sentiu sua fé.

Cuca agora está fora do movimento, sua única amiga era Stela.

—e agora Stela não tem onde eu morar, a casa que eu dormia era a base.

Você pode ficar morando atrás da nossa igreja, temos quartos, não fica preocupado estou ao seu lado, ela primeira vez Cuca sentiu-se seguro perto da sua amada Stela.

—obrigado querida Stela, eu esqueço todas as dificuldades quando estou perto de você. Obrigado meu deus por ter colocado essa linda e amável mulher no meu caminho.

A facção do Sacola sofreu um grande desfalque, Cuca era o braço direito do poderoso traficante, além de fazer sua proteção era também seu conselheiro, ele bolava os planos de invasão contra as outras comunidades.

—ei Careca cadê o Dedé?

—tá lá boca fiscalizando a venda.

—esse sim e meu irmão do coração, fala pra ele volta logo aqui eu que quero bater uma letra.

— já é então patrão.

Careca saiu à procura do Dedé pra dar a noticia que o cuca estava fora do movimento, qual será o papo sério que sacola queria falar com ele?

—ei parceiro tenho uma pra te falar.

—qualé o papo Careca? Fala logo.

—o Cuca tá fora da nossa facção.

—como é que é? Não acredito nisso. Que me zua Careca.

— é serio parceiro traiu a facção trocou geral por uma mulher.

—que papo é esse de mulher que você tá falando? Não tou entendendo.

—o Mané chegou lá na base dizendo pro patrão que tava fora, que agora era de Deus, essas coisas, o cara falou que virou crente. O Sacola queria matar ele, senão fosse o Pablo lembrar aquelas leis do movimento, o chefe ia apagar o infeliz.

—agora tou entendendo, é a parada da segunda lei. Duas formas de sair do movimento, agora eu saquei o lance, muitos evangélicos dessa igreja da comunidade faziam parte do movimento, se converteram como eles dizem, é a única forma de sair vivo. Não sabia que o cuca tá frequentando essa igreja.

—o patrão ficou uma fera, eu queria matar o traidor, ele que não deixou.

— fica na tua Careca, essa lei não foi o Sacola que criou, antes dele assumir o comando do Turano já existia, vou te contar a verdadeira historia como tudo começou: quando agente era moleque existia um traficante conhecido como Maizena, o cara era muito mal Careca, ninguém saía do movimento vivo, quem tentasse sair era morto, os evangélicos começaram a fazer os trabalhos dentro da comunidade, tinha um pastor que pregava a palavra nessa igreja, aconteceu que um dia um soldado do movimento foi evangelizado pelo grupo da igreja do pastor, começou a participar dos cultos, e quando o Maizena descobriu, reuniu o bonde com os piores assassinos do movimento pra matar o ex-soldado da facção é o pastor.

O bonde combinou de invadir a igreja na hora que tivesse rolando o culto, falou quem se metesse na frente ia morrer.

—e aí que foi que aconteceu?

— calma eu vou terminar a historia, na hora que o pastor começou o culto, o bonde armado de fuzil até os dentes invadiu a igreja atrás do ex-soldado da facção e do pastor, Maizena foi à frente do bonde entrou na igreja foi em direção ao pastor que tava no altar, e disse pra ele que os dois iam morrer, e se alguém fizesse algo de errado mataria todos os irmãos.

O pastou falou: demônio derrotado, como tu ousa entrar na casa de Deus, querendo fazer mal a esse jovem.

Maizena ficou sem entender direito por que o pastor falou aquilo, o pastor continuou falando, tu pensa que tem poder, tu vai ver o que poder de verdade demônio, o fogo do Deus todo poderoso vai te queimar, sai do corpo dessa pessoa demônio, te manifestar em nome do senhor Jesus, nesse momento os irmãos da igreja começaram a orar, foi quando o Maizena caiu de joelhos de braços pra trás como se alguém tivesse amarrando ele, ficou quase 20 minutos se batendo no chão, o resto dos soldados caíram fora com medo, depois disso Maizena voltou ao normal sem saber de nada o que tinha acontecido, ficou olhando pros irmãos.

—o que foi que aconteceu depois disso? Matou os dois?

—se eu te contar tu não vai acreditar Careca.

—pô parceiro fala logo que rolou depois.

—o Maizena virou pastor Careca, o cara mudou totalmente, o pessoal dizia que em vez de carregar um fuzil no lado, carregava uma bíblia.

— essa historia foi sinistra Dedé.

— pode crer Careca, depois desse dia todos os traficantes da comunidade passaram a respeitar a Deus e os evangélicos, soldado que quisesse aceitar Jesus, tinha o caminho livre, e o dono da boca ainda perguntava pro pastor se o soldado tinha aceitado mesmo Jesus, pra não leva caô. Por isso as coisas de Deus geral tem que respeitar tá ligado.

— pode crer Dedé, mas minha proteção é meu fuzil.

— qualé o papo que o Sacola que falar comigo?

—vamos lá que você vai saber. Tucano fica de olho no movimento da boca que vou resolver uma parada.

—deixar comigo Dedé.

—chega aí Dedé quero bater a letra pá tu dos acontecidos, o Careca deve ter adiantado os assuntos, o Cuca morreu pro movimento.

— tou sabendo Sacola.

—tu vai ficar no lugar dele agora, atitude Dedé, conceito no peito parceiro eu confio em tu desde moleque.

—pode crer Sacola, sabe que somos irmãos desde molecote.

—careca pega uma garrafa de uísque, vamos comemora a subida de função do Dedé.

—beleza sacola é nós irmão, vamos aumentar a venda na boca.

—Pablo fiquei com medo de o Sacola matar o Cuca, vi o ódio em seu rosto quando ele falou que estava fora do movimento.

—eu também Verônica maldito Careca que entregou o Cuca pro Sacola, é inveja Verônica, esse infeliz sempre teve inveja da gente, somos os melhores, se fosse por ele tinha matado o Cuca, mas graças a Deus saiu tudo bem.

—eu falei pra você meu amor, vamos cair fora daqui antes que a bomba exploda.

—eu prometi pra você e vou cumprir, tenho um plano pra gente fugir meu amor.

—que bom me fala logo quando e como vai ser.

—eu conheço uma rota de fuga antiga que pouca gente conhece, esse caminho vai sair perto da montanha, descendo pela floresta agente vai chegar perto da fabrica abandonada.

—chegando lá pegamos um carro e vamos em direção pra São Paulo, quando a poeira sentar nós pegamos a estrada direto pro Paraguai rumo à felicidade meu amor.

—que bom paplo eu estou louca pra sair desse lugar, dessa guerra, quero ter nosso filho em um lugar lindo, cheio de amor, paz e alegria.

—você vai ter tudo isso é muito mais Verônica. Se preparar meu amor vai ser na sexta feira antes do sol nascer.

Cuca agora é um homem de Deus, os seus antigos amigos do movimento foram proibidos de falar com ele. Morando atrás da igreja ele passava horas lendo a bíblia, quando chegava Stela pra conversar com ele sobre a missão de ganhar almas para deus.

—olá Carlos bom dia dormiu bem?

—sim querida Stela, essa foi minha melhor noite de sono, não tive, mas aqueles pesadelos, dormindo na casa do senhor meu sono são o melhor do mundo.

—Carlos quer conhecer meus pais?

— vai ser um prazer Stela conhecer sua família, amanhã nós vamos almoçar na casa do pastor.

—oba comida feita pela sua mãe e você deve ser a melhor cozinheira.

—não sei você que vai dizer se gostar ou não da minha comida.

—eu amo tudo que você faz Stela.

—risos, obrigado Carlos.

—Carlos tem outra coisa que quero falar com você.

— pode falar Stela.

— nossa missão no morro do Tunano acabou, vou explicar como funciona o trabalho da nossa igreja: passamos dois anos em cada comunidade ganhando almas pro senhor. Quinta feira vai fazer dois anos, outros irmãos vêm pra cá, nós vamos pra outra comunidade pregar a palavra de Deus. Está preparado Carlos pra ganhar almas pro senhor?

—sim Stela, eu faço tudo pelo meu Deus que me salvou. Depois de quase sete anos no Turano finalmente vou sair, graças a Deus saio vivo.

Sexta feira 17 se setembro de 1995, chega o grande dia que a Operação Colômbia ocupara os morros do Turano e Chapéu, e na Colômbia o ataque seria contra as bases das guerrilhas e a destruição dos laboratórios de drogas no meio da selva da Colombiana, delegado Campos juntamente com a Polícia Federal tinha como sua principal missão apreender o carregamento de droga vindo pro Brasil e prender os principais lideres: Cicatriz, Gordo e Cara- de- Lata, o comando foi divido, alguns membros como o general Sampaio, coronel Alcântara e coronel Camargo ficaram chefiando a missão no Brasil, delegado Campos, almirante Liro e brigadeiro Costa, agente Richard e general Martinez na Colômbia.

Antes do nascer do sol o helicóptero puma, e o águia cortam os céus dos morros do Turano e chapéu, as tropas com tangues e soldados na parte baixa dos morros pronta pra receber o sinal pra começar a ocupação, na parte da montanha os paraquedistas do exército juntos com o batalhão de elite da polícia militar em pontos estratégicos prontos pra ocupação surpresa.

Na Colômbia a marinha brasileira, marinha colombiana com navios corvetas esperando o momento certo pra apreensão do carregamento de drogas vindo pelo mar, aviões caças da força aérea brasileira sobrevoando a região a procura dos aviões com carregamentos menores, com ordem pra serem abatidos se desobedecessem ao aviso pra pousarem na base colombiana. Os laboratórios de drogas dos cartéis estavam cercados pelos soldados do exército colombiano, pelos americanos, os acampamentos das guerrilhas seriam atacados pelos "Sigs", fuzileiros navais brasileiros e pelo exército colombiano que conheciam bem a região de difícil acesso, os aviões caças americanos iniciariam o ataque com um bombardeio contra o acampamento das guerrilhas. 6 horas antes do carregamento de drogas sair Colômbia, Cicatriz acertava os últimos detalhes com Gordo e Cara- de- Lata.

— falta pouco Gordo pra nossa carga embarcar rumo ao Brasil.

—pode crer chefe finalmente vamos sair desse lugar e voltar pra nosso país.

— sim, mas esse tempo que ficamos aqui vai valer apena.

—sim Cicatriz com esse carregamento geral vai nadar em rios de dinheiro.

—eu vou viajar num avião pequeno até o Mato Grosso, você e o Cara- de- Lata vão de navio fiscalizando o carregamento da droga e das armas.

—deixar com nós Cicatriz, damos conta do recado.

— falta pouco Gordo pra Facção Carioca se torna a mais poderosa do brasil.

—e nós também.

—com certeza Gordo, agora vamos dormir e esperar o dia amanhecer, amanhã agente tá bem longe.

— a população dos morros acordava com o barulho dos motores dos helicópteros voando baixo pra idêntica a posição dos traficantes. O dia amanhece e os moradores dos morros desciam pro trabalho, eram revistados e liberados, a maioria ficava em casa com medo de um possível tiroteio.

—caramba Mané é muito samango na área até o Exército tá cercando o morro.

—Dedé que tá rolando na nossa área?

—Sacola a parada tá sinistra, o fogueteiro soltou o primeiro alerta, disse pelo radio que o Exército com a polícia e tangues tão embaixo do morro invadindo o Turano.

—Dedé a guerra final começou te prepara, é nós ou eles. Onde tá os outros soldados da contenção?

—tão em posição.

—vamos resistir até o fim, nossa resistência vai ser mais forte que aço.

—pode crer Sacola.

—bate a letra pro Pepeu pra mandar alguns soldados dele pra dar apoio na nossa área.

—já é então.

A ocupação começou aos poucos os tangues da marinha subiam o morro com soldados do exército dando apoio, eram recebidos a balas que vinham da parte alta do morro. As barricadas feitas pelos traficantes eram explodidas abrindo caminho pros tanques blindados, uma guerra civil urbana, moradores no chão fugindo das balas perdidas.

—patrão a parada tá sinistra pro nosso lado.

— que tá rolando Menor?

—os samangos tão invadindo pela montanha, mataram vários dos nossos.

— malditos eles tão em maior numero. Dedé conseguiu falar com o Pepeu?

— patrão ele falou que não conseguem atravessar a rua pra chegar ao Turano, por que os samangos fecharam a rua principal que dar direto no Turano.

Enquanto isso na Colômbia delegado Campos, agente Miguel e alguns policiais federais, ficavam de campana próxima ao local onde se encontravam Cicatriz, Gordo e Cara- de- Lata. No momento certo fariam a prisão dos principais lideres da temida "F.C" os outros membros da Operação Colômbia começaram o ataque contra as bases das guerrilhas: as Farc e E.L.N, atacaram também os laboratórios de drogas no meio da floresta colombiana, aviões caças americanos bombardearam os acampamentos abrindo caminho pros soldados atacarem por terra, a batalha final estava chegando ao seu final, o governo colombiano tinha grande interesse de capturar vivo ou morto os comandantes das guerrilhas, Cortez e Emiliano Terra, muitos guerrilheiros foram mortos pelo exército colombiano com ajuda dos "Sigs brasileiros e os fuzileiros navais do Brasil, entretanto seus principais lideres conseguiram fugir do cerco do exército colombiano, se embrenhavam pro interior da floresta fechada com difícil acesso dos militares conseguindo assim fugir pra um lugar bem distante do conflito.

No porto principal o navio cargueiro se prepara pra partir com o carregamento de droga, toda a droga tinha destino certo, tanto por água transportada pelo navio cargueiro como também por barcos pequenos pelos rios da Amazônia ate o estado do Pará, depois seguindo pra outros estados, a intenção do Cicatriz era distrair a atenção da polícia entregando uma pequena quantidade transportada pelo barco pesqueiro. Pelo ar com aviões pequenos até algumas fazendas do Mato Grosso. Felizmente a Polícia Federal tinha acesso a todas essas informações.

— chegou a hora Gordo o navio tá partindo.

—finalmente Cicatriz.

— não vejo a hora que chegar ao Rio de Janeiro.

—vamos todos chegar Cara- de -Lata.

— Gordo e Cara-de-Lata vocês vão fazendo escolta do navio cargueiro, atravessando a ponte tem um navio menor esperando vocês, ele tem motores potentes que vai deixa vocês perto ao cargueiro que acabou de partir, o comandante vai tá em contato com os senhores. Boa sorte a vocês

—obrigado Cicatriz, agora chegou nossa vez.

—vão logo que o tempo é curto.

—e você chefe vai como?

—vou num avião pequeno até o mato grosso, de lá vou pro Rio onde encontro vocês.

Gordo e Cara-de-Lata saíram em direção ao porto onde o navio os aguardava, mas quando chegaram ao meio da ponte foram surpreendidos pela Polícia Federal, sem saída não tinham pra onde fugir.

—caramba Gordo são os malditos federais, fecharam o cerco em cima de nós.

—vamos logo descer carro, atira, atira Cara- de- Lata nos malditos.

—pô mermão malditos querem matar agente.

—Cara- de- Lata se ficarmos aqui vamos morrer, nossa única chance é pular no rio.

—tá ficando maluco Gordo isso aqui é muito alto, você sabe que tenho medo de altura. Se agente pular daqui morremos lá em baixo.

—não temos outra chance, vamos morrer em cima dessa ponte.

— malditos canas vou matar todos eles.

— você vai morrer aí parado vou pular Cara-de-Lata, num momento de desespero pra tentar fugir da polícia Gordo pulou da ponte de 50 metros de altura, batendo a cabeça na água, teve o pescoço quebrado na queda, morte instantânea, Cara-de-Lata levou um tiro certeiro na testa. Era o fim da carreira do Gordo braço direito do poderoso Cicatriz, e Cara-de-Lata bandido fiel da Facção Carioca, acabará nesse momento, depois de anos na organização criminosa. Agente Miguel se aproximou do corpo do Cara-de- Lata, ele levou um tiro disparado pelo atirador de elite federal, ele olhar pra baixo da ponte e diz pros seus amigos federais: essa cara é louco pular dessa altura era morte na certa. Alguns minutos depois da queda da ponte, o barco da Polícia Federal resgata o corpo.

—agente Miguel na queda o bandido Gordo quebrou o pescoço, e varias costelas também.

—obrigado pelas informações agente federal. Esse outro não quis pular morreu com tiro na cabeça do nosso atirador de elite. Esses dois não vão dar mais trabalho pra polícia, ensaca os corpos e vamos embora temos que prender o mais perigoso de todos o cicatriz, antes vou fazer uma ligação pro delegado.

—doutor missão cumprida, um foi morto em cima da ponte, o outro pulou e quebrou o pescoço.

—bom trabalho agente Miguel, você e todos os agentes estão de parabéns, estamos próximo de prender o Cicatriz.

Sim senhor, nós chegamos próximo ao local.

Delegado campos e sua equipe estavam monitorando Cicatriz desde que chegou à Colômbia, era questão de tempo pra ele ser preso pelos federais, o carregamento de droga tinha partido do porto, depois de 10 quilômetros da costa foram interceptados pela marinha brasileira e colombiana, tentaram desfazer da carga, mas sem sucesso foram todos presos em flagrante. Os aviões pequenos foram presos pelos aviões caças da Força Aérea Brasileira, um dos aviões resistiu a ordem de pousar em terra e foi abatido no ar pelo avião caça, todo o restante da droga foi apreendida navegando em barcos pequenos pelos rios da Amazônia. foi perfeita a organização da operação Colômbia do começo até o fim, porém faltava o mais importante, prender o grande responsável pelo crescimento do crime organizado no Brasil.

Cicatriz na companhia de 20 soldados da guerrilha pega uma estrada em direção a uma fazenda no meio da floresta, sua intenção era partir de avião decolando de uma pista clandestina até Mato Grosso no Brasil, quando se aproximam da fazenda são surpreendidos pelos militares colombianos e pelos federais brasileiros.

—agente Miguel segundo informações dos militares eles estão quase chegando aqui na fazenda, o local está cercado, no momento certo pegamos o Cicatriz.

—doutor essa fazenda é rota da droga oriunda da Colômbia pro Brasil?

—exatamente agente Miguel. Viu a pista clandestina? A metade da droga que abastece o mercado brasileiro embarca nessa fazenda chegando ao Mato Grosso.

Quando cicatriz e os guerrilheiros se aproximam da fazenda.

—atenção pessoal, eles estão chegando, muito cuidado que eles são perigosos, Miguel me segue vou atrás desse maldito nem que seja no inferno.

—estou junto com o senhor doutor.

o primeiro tiro disparado pelo policial federal foi no peito do guerrilheiro que fazia e escolta do Cicatriz, assustados com o ataque dos militares revidaram com rajadas de fuzis, o bando se separou procurando abrigo pra se proteger, a troca de tiros entre guerrilheiros e militares colombianos e policias federais parecia não ter fim, mais aos poucos foram sendo vendidos pelo maior numero de soldados colombianos, os corpos se espalhavam pela fazenda e os que sobreviveram pegaram fuga pro meio da floresta colombiana.

—malditos como conseguiram chegar até mim, não podem me parar sou Cicatriz o rei Facção Carioca.

—Cicatriz Polícia Federal se entrega agora, você está cercado, não tem pra onde fugir.

—não pode ser você tá morto maldito.

—deveria, mas não estou você mandou me matar, porém não conseguiu, um inocente morreu no meu lugar. Agora estou aqui pra te levar preso vivo ou morto, finalmente delegado Campos estava de frente com Cicatriz, o olhar de ódio dele parecia não acreditar que tudo que tinha planejado agora desfeito foi ao buraco. O grande Cicatriz criador da "F.C, cercado como uma caça, se protegendo atrás de um veículo ele e mais 4 guerrilheiros tentam uma última fuga antes da morte pega-los.

—delegado Campos você pode se dar bem, deixar agente sair daqui eu pago muito bem vocês, dinheiro que vocês nunca viram, e nem vão ganhar na vida trabalhando como policial.

— esquece Cicatriz a Polícia Federal não tem preço, a nossa recompensa é ver você e sua quadrilha presa, desiste Cicatriz não tem saída, vai ter o mesmo fim dos teus comparsas, Gordo e Cara-de-Lata.

—já sabia que vocês tinham matado eles, não me ligaram pra confirmar a saída, dançaram, o mundo é dos, mas espertos. Cicatriz é muito astuto, com essa conversa tirou a atenção dos federais e puxou os pinos de duas granadas e arremessou no tempo certo explodindo alguns policiais, deu uma rajada certeira de m16 em cima dos federais.

—toma sua recompensa Campos.

—desgraçado matou alguns dos nossos. Miguel chamar uma ambulância rápido pra socorrer nossos amigos, fica aqui que vou atrás do Cicatriz.

— sim doutor, pelos nossos policiais, matar esse maldito. No momento que Cicatriz arremessou as granadas em direção dos policias, a explosão feriu alguns, ele deu uma rajada de m16 matando dois policiais federais, conseguindo assim uma fuga com os guerrilheiros pro meio da floresta. Delegado Campos furioso com a morte dos agentes federais foi atrás dele, enquanto os militares colombianos tentavam capturar os guerrilheiros.

Cicatriz sempre foi um bandido perigo, pra não ser preso passaria por cima de qualquer um que se colocasse em seu caminho, porém delegado campos tinha estudado dois anos sua carreira criminosa, seus métodos de agir, já sabia de seu treinamento de guerrilha, todo o seu modus operandi.

—escapei mais uma vez do cerco policial, tenho que cair fora dessa floresta. Cicatriz pensou que tinha se livrado do cerco da polícia federal, entretanto delegado Campos era um policial determinado, empenhado em ir até o fim pra prender o grande Cicatriz líder da "F.C", ele andou 3 quilômetros pra dentro da floresta perigosa da Colômbia, depois pegou um atalho que deu de frente com Cicatriz, inimigos mortais finalmente frente a frente.

—Cicatriz Polícia Federal mãos pra cima senão você morre.

— maldito Campos, não desiste mesmo. Não morreu no Rio de Janeiro, mas vai morrer no meio da selva colombiana.

—você pode tentar Cicatriz, porém não vai conseguir.

—campos vai ser só nós, um duelo como nos filmes do velho oeste cara, meu fuzil tá no chão, vamos usar pistolas 9 mm Cicatriz desafia o delegado Campos pro duelo de morte como no velho oeste, as 9 mm no lado esperando o sinal certo pro saque perfeito, atenção redobrada dos inimigos, de um lado o crime organizado, do outro a mão da justiça, quem vencerá esse confronto, o silêncio tomou conta do cenário do duelo, a solitária floresta colombiana. Mas dessa vez a lei venceu, quando Cicatriz sacou primeiro fazendo vários disparos sem êxito em direção ao delegado Campos, um deles pegou de raspão sua orelha, teve muita sorte, por centímetros atingiria seu olho, era morte na certa.

O disparo do delegado foi no peito do Cicatriz, caindo no chão agonizando sem acreditar que tinha perdido o duelo, seu fim estava próximo.

Delegado Campos se aproximou apontando a pistola pra cabeça dele que agonizava com sangue saindo pelo nariz e pela boca, depois chutou a pistola de sua mão e disse as últimas palavras.

— eu falei que ia pegar você vivo ou morto.

—você teve sorte Campos, nunca errei um disparo a essa distancia.

—tentou me matar, mas o serviço não foi bem feito. Agora o crime organizado morrerá nesse instante com você.

—você está enganado Campos enquanto houver corrupção nesse país, nosso crime organizado reinara sempre, eu morrerei e outro me substituirá. Temos pessoas muito poderosas, gente que você nem imagina faz parte da nossa organização. Compramos todos, cada um tem um preço nesse mundo maldito de ambição e corrupção.

— você pode está certo em algumas coisas, o nosso país tem leis fracas que privilegiam pessoas como você falta de punição nos casos de corrupção, políticos sangue suga que vivem a custa de um povo trabalhador, tenho fé que dia um dia isso vai mudar. Não pensa você que todos são corruptos, a Polícia Federal é uma exceção, uma instituição séria que estará sempre pronta pra combater o crime organizado desse país, caçando de dia e noite, de norte a sul, onde que vocês estejam estaremos lá pra fazer cumprir o que a lei determinar. Cicatriz morre aos pés do delegado Campos, depois de 30 anos na vida do crime chegou o seu fim. Delegado Campos e os outros agentes voltam pra casa com a missão cumprida.

Nos morros do Turano e do Chapéu os militares ocupavam aos poucos a região, uma pequena resistência dos traficantes tentavam impedir o conquista de seus territórios.

— Verônica meu amor vamos sair logo daqui, a barra da pesando pro nosso lado, tem uma saída que vai dar direto na pista.

— eu estou com medo de morrer Pablo.

—calma meu amor vamos conseguir.

—não quero morrer com meu filho Pablo.

—não vou deixar acontecer nada com você e com nosso filho meu amor.

—Pablo e Verônica tentavam fugir antes da Operação Colômbia prende-los ou mata-los, Pablo conhecia uma rota de fuga desconhecida pelos militares, dando acesso a uma rua distante do conflito.

—vamos correr mais rápido possível Verônica, não podemos ser visto por niquem se livrar dessas armas que tão fazendo peso pra você correr, deixa somente a pistola pra se proteger, eu levo esse fuzil em caso de pintar sujeira.

—sim Pablo eu estou no seu lado meu amor.

— baixa aí é a polícia. Não podemos ser vistos senão já era.

—onde é essa rota de fugar Pablo? Tá longe? Estou preocupada, a barra tá pesando pro nosso lado.

— estamos pertos da saída Verônica, vamos correr que os militares já foram, Pablo e Verônica estavam próximo de conseguir fugir do morro do Turano, alguns metros os separavam da liberdade. É aqui Verônica nesse barraco velho só quem sabe dessa rota de fuga é o Sacola é o Cuca, que tá bem longe daqui.

—eu falei pra você pra gente cair fora daqui antes de acontecer isso. O Cuca teve sorte saiu da comunidade antes do cerco policial.

—eu sei querida, vamos conseguir, a entrada fica atrás desse armário velho vou empurrar ele, me ajudar aqui, pronto finalmente conseguimos, me passar a lanterna fica atrás de mim.

—isso aqui é um inverno de sujeira e fedor Pablo.

— você prefere ser presa pela polícia?

— jamais, Pablo e Verônica conseguem chegar à saída que dava em uma rua tranquila longe do conflito, nesse momento um carro passar pelo local e é rendido pela dupla.

— sai logo do carro Mané, senão quiser morrer. Vamos rapa deita no chão. Entra rápido no carro meu amor. Os dois partiram pra um lugar distante tentando fugir dos militares, como haviam combinado de fugir pro Paraguai, enquanto isso no Turano a batalha de aproximava do seu final.

— ei De Menor na escuta, que tá rolando aí?

— patrão os malditos são muitos, geral tá emboscada perto da quadra da comunidade.

—atividade Menor matar todo mundo que cruzar o caminho de vocês tá ligado.

—patrão geral não vai tombar no chão antes de matar todos os samangos.

—Careca não recua mata os malditos samangos.

— pode crer Sacola, eu sou um Cavalheiro de Aço. A eficiência da Operação Colômbia dentro das comunidades estava vencendo os traficantes no cansaço, acuados tinham como último plano pegar os túneis de fuga. O batalhão de elite da polícia militar e os paraquedistas do exército tinham dominado quase todo o território.

General o capitão enviou uma mensagem pelo radio afirmando que o batalhão chegou às saídas dos túneis de fuga dos traficantes.

Perfeito fala ao capitão fazer o reconhecimento deles e instalar os explosivos e detonar as saídas dos túneis. Os militares chegaram às saídas dos túneis de fuga dos traficantes, explodiram evitando a fuga dos morros, agora a quadrilha é presa fácil acuada dentro da comunidade.

—general missão cumprida túneis explodidos.

— excelente, logo nossa missão terminará.

—senhor o helicóptero puma informou que alguns traficantes estão encurralados perto da montanha.

—passar as informações pros militares que estão mais próximo da área.

Na escuta dede cambio, que tá rolando ai parceiro?

—Sacola a chapa tá esquentando geral tá tombando no chão parceiro.

—malditos querem tomar nossa área, não vão conseguir, só saímos daqui morto.

—atento Pablo, atento Pablo.

—na escuta de Menor?

—tou atento sacola prossiga parceiro

—tá vendo o Pablo perto de você?

— patrão não tou vendo ele, nem consigo falar pelo radio, acho que os samangos passaram ele e a Verônica.

—atento Careca, Dedé e De Menor, reuni os soldados geral vai pegar os túneis de fuga.

—pode crer patrão tamo voltando pra fugir pelos túneis. Sacola tenta seu último plano, uma fuga da facção pelos túneis, não sabia ele que os militares tinham explodido suas rotas de fuga. De Menor, Careca, Dedé cada um de vocês pega um túnel de fuga vamos pros outros morros cariocas, depois geral bola outro plano pra tomar nossa área tá ligado.

—geral copiou a mensagem Sacola cambio.

—patrão os malditos samangos explodiram nossos túneis.

—tou ligado Dedé, os canas melaram nossa fuga, agora é nós na comunidade, ninguém se entrega vivo pros inimigos, geral copiou a mensagem.

—pode crer parceiro cambio desligo.

No morro do chapéu Pepeu, Jacaré e Navalha estavam cercados pelos policiais.

—ei Pepeu os malditos tão quase matando geral.

—deixar de papo e atira nos malditos canas Jacaré.

—vou sair daqui senão vou morrer Pepeu.

—tá ficando louco Navalhada, tu vai morrer rapa.

Navalhada tenta fugir do cerco policial e é alvejado com tiros de fuzil.

Bate a loucura de guerra nos traficantes Pepeu e Jacaré, os dois saem correndo disparando rajadas em cima dos policiais.

Malditos eles mataram navalhada vou matar todos vocês. Sou Pepeu o rei do pó do morro do Chapéu.

Os policiais fuzilaram Pepeu e Jacaré, seus corpos caíram no chão furado de balas como uma peneira, o sangue escorria para o esgoto, uma cena de guerra lamentável, os verdadeiros culpados não cram os que apertavam o gatinho, mas sim os que deixaram o crime organizado se favorecer da pobreza, da falta de condições dignas, de uma oportunidade, uma porta aberta, um caminho certo para felicidade um povo que a cada dia sofre com a violência urbana. Faltava pouco pra operação conquistar o morro do Turano.

Os policiais do batalhão de elite da policia militar e os paraquedistas do exército se aproximam do centro do morro do Turano onde estavam acuados alguns traficantes liderados pelo Dedé, todos são pegos de surpresa pelos policiais, na troca de tiro muitos traficante são mortos, Dedé foi mais esperto de todos, arrombou a porta de um barraco pegando uma moradora como refém.

—todo mundo pra trás senão ela morre.

—baixar essa arma rapaz, que você sai vivo daqui direto pro presidio.

— eu não sou otário samango de merda, se eu fizer isso vocês me matam, eu sei que vou morrer, não vou sozinho, sai todo mundo de perto eu vou matar ela, Dedé desesperado com medo de morrer gritava apontando a pistola pra cabeça da mulher.

—ela vai morrer, ela vai morrer.

— eu garanto tua proteção, baixar essa arma que você sai vivo daqui, no meu lado. Traficante da facção carioca nunca confiou em polícia, eles sempre diziam que em um cerco feito pelo batalhão de elite da p.m., bandidagem sai num saco plástico.

O pânico tomou conta da refém que no meio da negociação pela sua vida tem uma crise de medo, ela desmaia nos braços do Dedé que sem reação deixar sua cabeça livre para o atirador acertar sua testa, Dedé é morto pelo policial com um tiro perfeito na cabeça, o atirador tinha segundos pra agir sem erros que custaria a vida da refém. O outro grupo de policias se aproximam da base da facção do Sacola, uns 100 metros separava os policias de elite do bando do Sacola, Careca e De Menor lideravam os últimos 50 soldados de contenção do tráfico, todo o morro tinha sido tomado pela operação Colômbia, faltava o ponto mais importante, a base da facção criminosa do traficante Sacola, ela ficava no ponto mais alto do morro, bem protegida pelos soldados do tráfico.

—Careca, De Menor vamos dividir o pessoal, vai ser melhor pra geral combater os canas tá ligado.

Os restantes de soldados que sobraram da facção do traficante sacola se dividiram, uns ficaram nas proximidades da base, outros ficaram em cima da laje atirando em cima dos policias que se aproximavam.

— ei Careca daqui de cima da laje fica melhor acertar os malditos samangos.

—é mesmo De Menor, fica atento que eles tão próximo.

—o patrão da dentro da base esperando o momento certo pra gente fugir.

—pode crer careca logo agente vai cair fora daqui.

Os militares estavam perto da base dos traficantes esperando o ataque final, as dificuldades eram os tiros vindos de cima. General Sampaio sabendo que os militares corriam perigo se avançasse sem proteção, ordenou que o helicóptero atacasse por cima enquanto os tanques de guerra se deslocavam o mais perto possível da base dos traficantes, quando o tanque andava os policiais iam à parte de trás se protegendo das balas mortais dos traficantes.

O piloto do helicóptero puma fez uma manobra arriscada, um voo rasante próximo dos traficantes que atiram do alto da laje, igual aos filmes de guerra a aeronave ficou quase imóvel no ar, aproveitando a oportunidade o atirador do puma fez vários disparos com a antiaérea matando quase todos os traficantes, alguns pularam pras casas vizinhas, nessa hora os soldados da operação Colômbia que estavam atrás dos tanques de guerra saíram e ocuparam suas posições.

—patrão na escuta?

—que tá rolando De Menor?

—os malditos mataram o careca com uma rajada de um helicóptero, deu em cima de nós é o fim sacola.

Sem saber o que fazer sacola continuava dentro da base, sozinho e sem saída, o rei do Turano estava vendo seu império no morro desmoronar. Moleque De Menor tentou fugir do cerco policial, levou um tiro na perna. Os militares finalmente chegaram à frente da base, se preparavam pra invadir a casa grande, a base dos traficantes, Sacola ficava em silêncio com dois fuzis ar 15 olhando pra janela da casa. Nesse momento uns dos policiais se aproxima do muro da base que existia um grafite imenso com desenho de seis pessoas portando fuzis com a frase: somos Os Cavalheiros de Aço, nada nem ninguém pode nos matar, viva o movimento.

—capitão, olhar só isso aqui.

—grafite de vagabundo fazendo apologia ao crime soldado.

—o senhor tem razão.

—mas logo isso vai acabar atenção o chefe dos traficantes conhecido como Sacola pode está escondido dentro da casa. Se tiver dentro não tem pra onde fugir. Todos nas suas posições vamos invadir.

—malditos pensam que vão me pegar vivo, essa é a hora, o primeiro que aparecer na minha frente vai morrer comigo, eu sou o Sacola o rei do Turano. O capitão é o ultimo abandonar o barco, foi o que o Sacola fez, quando a polícia invadiu ele gritou :eu sou Sacola o rei do Turano, e descarregou seus dois fuzis ar15 em cima dos policias, ferindo dois, ele foi morto com uma rajada fatal na parte da cabeça. Era o fim do temido Sacola o rei do Turano, depois de quase 10 anos na vida do tráfico seu fim chegará. um contraste social no meio da comunidade do Turano, os militares sobem a luxuosa mansão do traficante e chegam no ponto mais alto, um deles pegar uma bandeira do Brasil e começar a acenar, um sinal de vitória, uma conquistar, uma comemoração depois de horas de confrontos com vários mortos, feridos e presos, a Operação Colômbia chega ao seu fim.

O morro do Turano e o morro do Chapéu são tomados pelos militares que desfilavam o poder do governo dentro das favelas esquecidas durante anos, ali se via a miséria de um povo desconfiado com todo aquele aparato militar, porém também esperançosos com um futuro melhor para todos.

Meu nome e John Wayne Pereira da Silva, um brasileiro que fez parte e testemunhou durante mais de dois anos as atividades ilegais do tráfico de droga no morro do turano, na tomada do morro levei um tiro de fuzil na perna, amputaram minha perna senão custaria minha vida, depois fui cumprir uma medida sócio educativa numa instituição pra menor infrator. A conhecida FEBEM, Sacola foi morto pelos policiais dentro da base da facção, Cuca um dos melhores soldado de elite do movimento casou-se com Stela e reencontrou sua mãe, seu pai já tinha morrido em decorrência do alcoolismo, depois Cuca foi preso, mas como ele sempre fazia o serviço sem deixar pistas, cumpriu 6 meses e por falta de provas foi solto pela justiça respondendo em liberdade, ele dizia que foi Deus quem o libertou do cárcere, nos sabemos que foi sua eficiência de não deixar pistas.

Pablo e verônica conseguiram fugir para o Paraguai onde tiveram seu filho, passando a viver por lá, sem crimes, sem tráfico de drogas e sem mortes.

Sacola, Dedé, Careca, Pepeu, Navalhada e Jacaré foram mortos pela polícia durante a tomada dos morros.

Cicatriz, Gordo e Cara-de-Lata tem o mesmo fim na Colômbia, depois da morte do Cicatriz a Facção Carioca é desfeita e os novos lideres fundam duas organizações criminosas, com ramificações em quase todo o brasil.

Delegado campos e a polícia federal lutaram incansavelmente pra acabar com o crime organizado no Brasil, a Operação Colômbia conseguiu seus objetivos, prendendo e matando os principais responsáveis pela organização criminosa, mas isso é como uma doença que parece não ter cura, mata aos poucos à sociedade. Pelo excelente trabalho a frente da Operação Colômbia, delegado campos e nomeado superintendente geral da polícia federal.

No ataque contra os acampamentos das guerrilhas na floresta, comandante Cortez e Emiliano Terra conseguem fugir do exército colombiano. Depois de um tempo a poeira senta é a guerrilha se organiza sobre o comando dos comandantes Emiliano Terra e Cortez, para tentar novamente o golpe de estado na Colômbia. Delegado Coelho consegue sua aposentadoria depois de muitos anos prestados a Policia Civil, agente Souza o policial honrado morre em uma troca de tiros contra bandidos, ele morreu fazendo o que mais amava um policial honesto servindo a sociedade.

Nunca mais tive noticias do meu pai, o tempo que passei na FEBEM aprendi uma profissão, mecânica salvou minha vida, mesmo com perda da minha perna consegui superar os problemas e me tornei um bom mecânico, tudo esse tempo deixei o ódio tomar conta do meu coração, achava que eu era imbatível com fuzil e pistola no lado não tinha medo de morrer e nem matar, vi muitos morrerem sem motivos nenhum, todos se matavam não sabiam o porquê, nessa guerra maldita onde quem perde é a população pobre desse país. Guerra essa que saiu das comunidades pobres, agora atinge todas as camadas do Brasil, hoje nas comunidades pobre do nosso imenso Brasil de norte a sul, Os Cavalheiros de Aço estão lá, eles são de todas as idades, negros ou brancos não tem cor, a única cor predominante é do sangue que se espalha pelo campo de batalha urbano.

Nossa guerrilha é urbana, mas nossa verdadeira guerra é contra a corrupção e as desigualdades sociais desse país, um país justo para todos os brasileiros.